Konkurrenz – Grundprinzip einer vernünftigen Gesellschaftsordnung?

Jakob Schäfer

Konkurrenz – Grundprinzip einer vernünftigen Gesellschaftsordnung?

new academic press nap

Der Autor, Jahrgang 1948, hat jahrzehntelang in der Industrie gearbeitet und ist – neben seiner Mitwirkung in der Klimaschutzbewegung - auch im Rentenalter weiterhin gewerkschaftlich aktiv. Zusammen mit Guenther Sandleben veröffentlichte er 2013 im isp-Verlag *Apologie von links. Zur Kritik gängiger linker Krisentheorien.* Im Verlag *new academic press* erschienen 2022 sein Buch *Die Warengesellschaft und die Herausforderung der multiplen Krise* und 2023 das Buch *Mellopolis '48 – Eine Reportage. Vision einer Gesellschafsordnung nach der Überwindung des Kapitalismus.*

Bibliografische Information der Deutschen Nationalbibliothek
Die Deutsche Nationalbibliothek verzeichnet diese Publikation in der Deutschen Nationalbibliografie; detaillierte bibliografische Daten sind im Internet über http://dnb.de abrufbar.

www.newacademicpress.at

ISBN 978-3-7003-2323-5

Cover: EtiAmmos - stock.adobe.com/161817069
Satz: Bernhard Amanshauser
Druck: Prime Rate, Budapest

Inhalt

Einleitung

Angesichts der kombinierten und sich zuspitzenden Krisen der kapitalistischen Gesellschaft ist in der Klimabewegung und darüber hinaus der Wunsch nach einem Systemwechsel weit verbreitet. Der Überwindung des Kapitalismus stehen allerdings bedeutende Hindernisse im Weg, und zwar auf verschiedenen Ebenen:

Erstens herrscht allgemeine Unklarheit darüber, was denn konkret an die Stelle des Kapitalismus treten könnte und sollte. (Auf die reaktionären „Lösungs"vorstellungen gehen wir hier nicht ein, schließlich werden sie die Krise der Menschheit nur verschärfen.)

Zweitens lassen die Erfahrungen des 20. Jahrhunderts viele Menschen an der Funktionsfähigkeit (aber auch an der Wünschbarkeit) eines nichtkapitalistischen Systems zweifeln. Dazu tragen schließlich auch die Entwicklungen im ehemaligen Ostblock bei.[1] In den Abschnitten IV und V wollen wir aufzeigen, wie denn die Alternative zum Kapitalismus aussehen kann.

Drittens ist für viele Kritiker:innen des Kapitalismus (auch für linke Antikapitalist:innen) unklar, wie denn angesichts der gesellschaftlichen Kräfteverhältnisse eine Gesellschaftsordnung ohne Ausbeutung und Unterdrückung durchzusetzen ist und wer die Kräfte für die Realisierung einer nicht-kapitalistischen Gesellschaft sein können.

Im Grunde allerdings liegen die Schwierigkeiten, die Mehrheit der Menschen für eine andere Wirtschafts- und Gesellschaftsordnung zu gewinnen, noch tiefer; denn sie sind größtenteils davon überzeugt, dass der Mensch von Grund auf egoistisch ist, kurz: dass ein friedliches Zusammenleben ohne Ausbeutung und Unterdrückung unmöglich ist. Dies liege an der Natur des Menschen. Begründet wird dies mit eigenen Erfahrungen wie auch mit Behauptungen oft zitierter Autoren (etwa Darwin, Haeckel, Spencer, Dawkins und anderen).

1 Auf die seinerzeit (in den frühen 1920er Jahren) vorhandenen Möglichkeiten der Realisierung eines wirklichen Sozialismus und auf die Gründe für das Entstehen der stalinistischen Diktatur können wir in dieser Schrift nicht näher eingehen. Zur Analyse der Entwicklungsgeschichte der Sowjetunion verweisen wir an dieser Stelle auf die Bibliographie, und zwar unter den Autoren Arz / Sauer, Dahmer, Mandel und Trotzki.

Zentral für die Zählebigkeit dieser Vorstellung ist die Rolle von Wettbewerbsfähigkeit und Wettkampf/Konkurrenz. Dies sind Schlüsselmechanismen, ohne die die kapitalistische Wirtschaft nicht funktionieren kann; gleichzeitig bilden sie die vorherrschenden – oft die alles entscheidenden – Verhaltensmuster des gesellschaftlichen Lebens im Kapitalismus und sind zentrale Instanzen der bürgerlichen Wirtschafts- und Gesellschaftsordnung. Damit sie gut funktionieren, werden diese Muster auf vielfältige Weise ideologisch untermauert: Der Kampf jeder gegen jeden liegt demnach in der Natur des Menschen. Oder wie Thomas Hobbes, einer der wichtigsten Theoretiker der bürgerlichen Gesellschaft, es vorgebetet hat: Der Krieg aller gegen alle (bellum omnium contra omnes) ist der Naturzustand der Menschheit[2].

Zu diesem Leitbild gehört ganz wesentlich die Maxime der privaten Bereicherung – also des *Habens* statt des *Seins*[3], was in der Konsequenz auf Kosten der Gemeinschaft geht, in jedem Fall aber auf Kosten des guten Lebens. Das gilt schon dann, wenn wir noch gar nicht auf die Folgen für die Umwelt oder etwa auf das Schüren von Kriegen schauen. Diese Mechanismen sind übrigens nicht erst im Neoliberalismus ein bestimmendes Merkmal des Kapitalismus.[4]

Aus zwei Gründen ist das kapitalistische Menschenbild in weiten Teilen der Bevölkerung so stark verinnerlicht, dass es im Alltag extrem schwierig ist, es zu hinterfragen beziehungsweise sich für eine Alternative stark zu machen. Zum einen ist die Macht der herrschenden Verhältnisse im Alltagsleben – vor allem im Arbeitsleben, im Bildungssektor usw. – so stark und häufig mit unmittelbarem Zwang ausgestattet, dass ein individuelles Aufbegehren in der Regel nur zu Frust oder gar Demoralisierung führt. Zum anderen hinterlässt die gut funktionierende Propaganda der Massenmedien und der staatlichen Instanzen tiefe Spuren im Bewusstsein der Menschen.

---

2 Zunächst formulierte Hobbes seine Theorie in *De Cive* (1642) und später in seiner staatstheoretischen Schrift *Leviathan* (1651)

3 Siehe dazu: Fromm, Erich: *Haben oder Sein. Die seelischen Grundlagen einer neuen Gesellschaft,* Stuttgart (DTV) 1979

4 Hier irrt Andreas von Westphalen, wenn er in seinem Buch schreibt: „Konkurrenz ist nicht zuletzt das zentrale Merkmal des Neoliberalismus, wie der *Guardian*-Journalist George Monbiot in seinem Versuch schreibt, dieses widersprüchliche Phänomen zu definieren." Westphalen, Andreas von: *Die Wiederentdeckung des Menschen. Warum Egoismus, Gier und Konkurrenz nicht unserer Natur entsprechen.* Frankfurt (Westend Verlag) 2019, S. 162

Die Vorstellung der Unvermeidbarkeit von Konkurrenz (sowie des persönlichen Konkurrenzverhaltens) und gleichzeitig die permanente Propagierung von Wettkampf im Sport, im Berufsleben usw. basiert auf vier Mythen. Alfie Kohn[5] fasst sie sinngemäß so zusammen:

1. Wettkampf (Konkurrenz) ist ein unumgänglicher (nicht zu verhindernder) Bestandteil der menschlichen Natur.
2. Konkurrenz motiviert uns, unser Bestes zu geben. Ohne Konkurrenz wären wir nicht produktiv.
3. Nur mit Wettkampf können wir eine gute Zeit haben (uns vergnügen). Deshalb müssen Spiele grundsätzlich Wettbewerbscharakter haben.
4. Der Wettkampf bildet den Charakter und ist gut für das Selbstvertrauen.

Oliver Heuler schreibt: „Kein Teil unseres Lebens kann dem Zwang entgehen, uns selbst und andere in Rangfolgen zu bringen. So ist der berühmte Ausspruch von Vince Lombardi ‚Gewinnen ist nicht alles, es ist das Einzige‘, nicht nur ein Ausdruck eines fanatischen Football-Coaches, er ist der kulturelle Imperativ.“[6]

Aus der bestehenden Wirtschaftsordnung ergibt sich die Wettbewerbsmaxime, die (systembedingt) den ökonomischen Egoismus fördert, der bis tief ins Privatleben hineinwirkt und auch Lebensbereiche erfasst, die – selbst mittelbar – mit wirtschaftlichem Gewinnstreben nichts zu tun haben. Und da die Konkurrenz das alles entscheidende Moment für das Funktionieren des Kapitalismus ist, hat sie auch für das internationale Geschehen (Geopolitik) ihre Folgen. Internationale Konkurrenz der Konzerne und ihre Auswirkungen – etwa das Gegeneinander-Ausspielen von Belegschaften in der Standortkonkurrenz – sind genauso weitreichend wie die Aushöhlung sozialer Sicherungssysteme in der Konkurrenz der „Wettbewerbsstaaten“.[7]

Ein weiterer Faktor für die ideologische Macht der kapitalistischen Existenzweise liegt darin, dass es nicht einfach ist, den konkreten Funktionsmechanismus der kapitalistischen Produktionsweise und die Reichweite seiner Mechanismen zu erfassen.

---

5 Kohn, Alfie: *No Contest. The Case Against Competition. [Why we lose in our race to win]*, New York, 1986 (1992); S. 8

6 Heuler, Oliver: *Staatsreligion Wettbewerb. Drei Mythen dienen als Standbeine, Trend onlinezeitung 04/2008 https://www.streifzuege.org/2008/staatsreligion-wettbewerb/*

7 Zu Letzteren siehe auch: Hirsch, Joachim: *Materialistische Staatstheorie. Transformationsprozesse des kapitalistischen Staatensystems*, Hamburg (VSA) 2005; im Besonderen S. 145 ff.

Diese komplexe Lage macht es sinnvoll, im ersten Teil dieser Schrift zu erläutern, warum die kapitalistische Gesellschaftsordnung für das Leben der Menschen und das Schicksal der Menschheit insgesamt schädlich ist. Sodann wollen wir relativ ausführlich die weithin ignorierten (auch vielen Linken unbekannten) neueren Forschungsergebnisse verschiedener Wissenschaftszweige darstellen. Seit Jahrzehnten und ganz besonders seit den 1980er Jahren sind in einschlägigen wissenschaftlichen Fachbüchern und -zeitschriften unzählige Untersuchungen veröffentlicht worden, die die Mythen des angeborenen Egoismus und der Unvermeidbarkeit des Kampfs jedeR gegen jedeN sowie der Nützlichkeit der Konkurrenz widerlegen. Angesichts der Interessenlage der Herrschenden ist es allerdings kein Wunder, dass die populärwissenschaftlichen Zusammenfassungen dieser Erkenntnisse in den großen Medien kaum eine bis gar keine Rolle spielen. So bleiben selbst die etwas bekannteren populärwissenschaftlichen Bücher (etwa von Rutger Bregman[8]) ohne Folgen für den öffentlichen Diskurs. Deswegen wollen wir einiges von dem zusammenfassen, was die Forschungen der letzten Jahrzehnte auf den Gebieten der Biologie, Evolution, Neurobiologie, Sozialpsychologie und Spieltheorie zutage gefördert haben. Zwei Fakten springen dabei besonders ins Auge:

Erstens: Es ist frappierend, wie diese verschiedenen Wissenschaftszweige in Sachen Kooperation unabhängig voneinander zu Ergebnissen gelangen, die die Schlussfolgerungen in den jeweils anderen Zweigen stützen (bzw. bestätigen).

Zweitens: Im Grunde kommen diese Ergebnisse zu recht ähnlichen Schlüssen, wie sie Kropotkin[9] bereits zu Anfang des 20. Jahrhunderts präsentiert hatte.

Eine wesentliche Besonderheit darf allerdings nicht übersehen werden: Die Erklärung, was die Gründe dafür sind, dass die offensichtlich überlegene Kooperation nicht als die vorherrschende Existenzweise in der Gesellschaft durchgesetzt wurde, bleibt bei den neueren Forschungen voll-

---

8 Bregman, Rutger: *Im Grunde gut. Eine neue Geschichte der Menschheit*, Hamburg (Rowohlt) 2021

9 Kropotkin, Peter: *Gegenseitige Hilfe in der Tier- und Menschenwelt.* Berlin (Hofenberg) 2018 (engl. Originalausgabe 1902, deutsche Erstausgabe 1904)

kommen unterbelichtet. Manche Autoren ergehen sich sogar in widersprüchliche Deutungsversuche. In der vorliegenden Schrift gehen wir auch dieser Frage nach und wagen eine Erklärung für das Manko der diversen Untersuchungen.

I. Die besondere Bedeutung der Konkurrenz in der kapitalistischen Wirtschafts- und Gesellschaftsordnung

Wie wir in Abschnitt III näher ausführen, haben Biolog:innen, Verhaltensforscher:innen, Pädagog:innen und Vertreter:innen der Spieltheorie in den letzten Jahrzehnten mit zahllosen wissenschaftlichen Studien – im krassen Gegensatz zu Vertretern der sogenannten Soziobiologie – gut nachgewiesen, dass

a) die Evolution ohne Kooperation nicht möglich ist und dass es ohne Kooperation noch nicht einmal Leben gäbe;
b) der Mensch keineswegs von Natur aus und unvermeidlich auf Wettkampf und Konkurrenz gepolt ist;
c) die Kooperation und in gewissem Umfang auch der Altruismus nicht nur eher „angeboren" sind als der Wettkampf, sondern dass sie für den Einzelnen wie auch für die Wahrung guter Lebensbedingungen der Gemeinschaft fruchtbringender sind als das Konkurrenzverhalten.

Die Kooperation entwickelt sich am leichtesten, wenn es mindestens eine gewisse Chance (und am besten, wenn es eine hohe Wahrscheinlichkeit) der Wiederholung für das Gegenüber gibt. Stabile Gegenseitigkeit (TIT FOR TAT)[10] funktioniert am besten, wenn gegenseitiges Vertrauen aufgebaut werden kann (basierend auf direkter Reziprozität). Gefördert wird dies durch die Wirkung von Reputation, also durch indirekte Reziprozität. Und am erfolgreichsten ist Kooperation, wenn sie von Gruppen organisiert wird, vor allem, wenn sie bewusst angegangen wird.

Wenn wir von marxistischen (etwa Fromm) oder anarchistischen (etwa Kropotkin) Philosoph:innen, Psychoanalytiker:innen, Ethnolog:innen und Anthropolog:innen absehen, so weisen vor allem die Vertreter:innen der naturwissenschaftlichen wie auch der sozialwissenschaftlichen Fachrichtungen in ihrer Mehrheit zwar auf die Vorteile der Kooperation und die Nachteile des Konkurrenzkampfs hin. Aber sie können sich eine Wirtschaftsordnung ohne den Konkurrenzmechanismus schlichtweg nicht vorstellen, obwohl gerade die wirtschaftliche Konkurrenz die materielle Grundlage dafür bildet, dass Wettbewerb und Egoismus unsere Lebensbedingungen bestimmen.

---

10 Am besten zu übersetzen mit „Wie du mir, so ich dir".

Es fällt auf, dass Nowak[11], Axelrod[12] und selbst der schärfste Kritiker des Wettbewerbs, Kohn, die Konkurrenzwirtschaft nicht infrage stellen. Man muss vermuten, dass sie die wirkliche Triebfeder des Kapitalismus – und die weitreichenden Implikationen der verallgemeinerten Warenproduktion – nicht erfasst haben. Dass dieses mangelnde Verständnis der Grundlage des Kapitalismus in politisch-ideologischen Vorurteilen begründet ist, kann man vermuten, aber nicht beweisen, denn sie äußern sich zu diesen Fragen bestenfalls andeutungsweise. Oder wollten sie sich nur mit aller Macht gegen den Verdacht des Kommunismus oder des Anarchismus stellen – trotz der Inkonsistenz, die ihre wirtschaftspolitische Position für ihren jeweils eigenen Erklärungszusammenhang zur Folge hat?

Gleichwie: Wenn sich in den wissenschaftlichen Untersuchungen die Kooperation zumindest auf Dauer dem Konkurrenzverhalten als überlegen erweist: Warum hat sich die Kooperation bislang nicht durchgesetzt? Schließlich ist die Menschheit seit geraumer Zeit in der Lage, ihr Verhalten und ihre eigene Geschichte zu reflektieren und daraus Schlüsse zu ziehen.

Die Entwicklung kriegerischer Konflikte oder etwa die Weigerung „der Menschheit", gegen den Klimawandel die erforderlichen Maßnahmen zu ergreifen, zeigen, dass an der These von der siegreichen Strategie der Kooperation – zumindest bei der Spezies Mensch – etwas nicht zu stimmen scheint. Bei der Betrachtung der heutigen Realität muss man den Eindruck gewinnen, dass die Menschheit – wenn schon nicht bewusst und absichtlich, so doch sehenden Auges – auf die Katastrophe, ja den Kataklysmus zusteuert.

Wie kommt es, dass die Menschheit nicht vorzugsweise auf Kooperation setzt, also auf das, was sich sowohl in der Wissenschaft als auch im eigenen unmittelbarsten Lebenszusammenhang als hilfreicher erwiesen hat als alles Gegeneinander? Schließlich wissen wir auch, dass wir in der Familie und im Freundeszusammenhang oder im Katastrophenfall mit gegenseitiger Hilfe mehr erreichen, als wenn wir uns als einsame Wölfe gebärden.

---

11 Nowak, Martin A. mit Roger Highfield: *Kooperative Intelligenz. Das Erfolgsgeheimnis der Evolution*, München (Beck) 2013

12 Axelrod, Robert: *Die Evolution der Kooperation*, München (Oldenbourg Verlag) 2009

Dieser Widerspruch lässt sich nur auflösen, wenn wir die zentrale Rolle der Konkurrenz in der kapitalistischen Wirtschaftsordnung (und nicht in einer x-beliebigen Wirtschaftsordnung) in den Blick nehmen. Erst dann begreifen wir die weitreichenden Auswirkungen des Konkurrenzdenkens auch auf die außerökonomischen Lebensbereiche.

Marx und (zum geringeren Teil) Engels haben dies vor allem in den folgenden Schriften herausgearbeitet: *Die ökonomisch-philosophischen Manuskripte* (Marx 1844), „Die deutsche Ideologie" (Marx/Engels 1845), „Grundrisse der Kritik der Politischen Ökonomie" (Marx 1857) und „Das Kapital" (Marx 1867, 1885, 1894).

Der Kapitalismus ist ohne den Mechanismus der Konkurrenz nicht vorstellbar, sie ist der Motor des Wirtschaftsgeschehens. Dadurch ist das Wettbewerbsdenken die zentrale existenzielle Frage, und zwar sowohl für das Einzelkapital als auch für alle sonstigen Wirtschaftssubjekte und damit auch für die einzelnen abhängig Beschäftigten, solange diese sich nicht zur Durchsetzung kollektiver Interessen zusammenschließen und die Konkurrenz unter den abhängig Beschäftigten (wenigstens zeitweise) ausschalten.

Da dieses Wettbewerbsdenken (diese Ideologie) infolge der existenziellen Bedeutung des Konkurrenzmechanismus tief prägend ist, durchdringt es auch Lebensbereiche, die nicht wirtschaftlich „funktionieren". Somit stimmt es, wenn Wikipedia die Konkurrenzgesellschaft als „‚Epochenparadigma' gegenwärtiger westlicher Gesellschaften" bezeichnet. (wikipedi.org/wiki/konkurrenzgesellschaft)

Die Auswirkungen der ökonomischen Konkurrenz reichen vom Druck, das Arbeitstempo zu erhöhen, und der Verschlechterung sonstiger Arbeitsbedingungen im Betrieb bis zum Anzetteln von Kriegen um Absatzmärkte, Rohstoffquellen und Transportwege. Grundlage all dessen ist die Subsumtion der Arbeit unter das Kapital, also die Trennung des größten Teils der erwerbstätigen Bevölkerung von den Produktionsmitteln und die Teilung der Gesellschaft in Klassen mit entgegengesetzten Interessen (wobei das klassische Kleinbürgertum, v. a. Handwerker, mit widersprüchlichen Interessen behaftet ist). Konkret erleben es die Menschen in der Form von Arbeitsverdichtung, zunehmender Erreichbarkeit auch außerhalb der eigentlichen Arbeitszeit sowie Angst vor Arbeitsplatzverlust und damit Gefahr des sozialen Abstiegs. Kreativität wird abgetötet, der abhängig Beschäftigte hat keine Entscheidungsbefugnis darüber, was und wie produziert wird bzw. welche Dienstleistung wie zu erbringen ist. Die Entfremdung der Menschen von den Produktionsmitteln, die Fremdbestimmung ihrer Arbeit und die reale Erfahrung mit ihrer Abhängigkeit führen dazu, dass psychische Probleme auftreten, häufig Krankheiten nicht auskuriert werden usw. Der Mensch wird damit unablässig im Konkurrenzdenken konditioniert.

Das führt uns zur wirksamsten Stufe der ideologischen Integration in die Konkurrenzgesellschaft, nämlich die kritiklose und unreflektierte Verinnerlichung des Konkurrenzdenkens, so als gehöre es zur menschlichen Natur. Nur so akzeptieren die Menschen (auch die abhängig Beschäftigten) den Druck, ständig „produktiver" zu werden. Und da, wo dies auf eine innere Ablehnung seitens der Beschäftigten stößt, wirkt dennoch der Hebel des Direktionsrechts der Kapitaleigner (bzw. deren Vertreter:innen), das dafür sorgt, all dies ohne größere Probleme durchsetzen zu können. Gesamtgesellschaftlich ist die Akzeptanz dieser Verhältnisse das vorherrschende Kennzeichen. Erich Fromm schreibt dazu:

> „Dem modernen Industrialismus ist es gelungen, einen solchen Menschen hervorzubringen: den automatenhaften, entfremdeten Menschen. Er ist in dem Sinne entfremdet, daß ihm seine Handlungen und seine Eigenkräfte selbst fremd geworden sind. Sie stehen ihm gegenüber und sind gegen ihn gerichtet; sie beherrschen, statt daß er sie beherrscht. Seine Lebenskräfte haben sich in Dinge und Institutionen verwandelt, die ihrerseits zu Idolen geworden sind. Sie werden nicht als das Ergebnis der eigenen Bemühungen des Menschen erlebt, sondern als etwas von ihm Getrenntes, das er anbetet und dem er sich unterwirft. Der entfremdete Mensch kniet sich vor die Werke seiner eigenen Hände nieder. Seine Götzen sind der entfremdete Ausdruck seiner eigenen Lebenskräfte. Der Mensch erlebt sich nicht als den tätigen Urheber seiner Eigenkräfte und Reichtümer, sondern als ein verarmtes ‚Ding', das von anderen Dingen außerhalb seiner selbst abhängig ist, weil er seine lebendige Substanz auf diese projiziert hat."[13]

13 Fromm, Erich: *Humanismus als reale Utopie*, Frankfurt, Berlin, Wien (Ullstein) 2005, S. 39

Die Besonderheit des Kapitalismus

Klassenherrschaft, Ausbeutung und Unterdrückung sind keine Besonderheit der bürgerlichen Gesellschaftsordnung, also des Kapitalismus. Seit der fast restlosen Zerstörung egalitärer Gesellschaftsordnungen[14] leben die Menschen in allen Teilen der Welt – wenn wir einige der noch existierenden „Naturvölker“ ausnehmen – in einer Klassengesellschaft. In den vorkapitalistischen Gesellschaftsordnungen waren die Machtverhältnisse für alle klar erkennbar und wurden entweder (grummelnd) hingenommen oder auch (mehr oder weniger) aktiv infrage gestellt.

Die Besonderheit der kapitalistischen Entfremdung liegt darin, dass die Nicht-Besitzer der Produktionsmittel (also diejenigen, die für ihren Lebensunterhalt weitgehend auf den Verkauf ihrer Ware Arbeitskraft angewiesen sind) zwar noch in vielen Fällen geneigt sind, die Kapitaleigner und sonstige Reiche wegen der erkennbaren Übel (etwa der sozialen Verhältnisse) zu kritisieren. Dies geschieht dann aber zumeist lediglich auf der Ebene einer Kritik an der Gier, der mangelnden „sozialen Verantwortung“, schlechtem Management und dergleichen mehr. Gleichzeitig die kapitalistischen Produktionsverhältnisse und die verallgemeinerte Warenproduktion infrage zu stellen, geschieht eher selten, jedenfalls kaum in dem Sinne, dass die Menschen sich in der Lage sähen, angeben zu können, was denn diesen Verhältnissen entgegenzustellen wäre.

Der Grund für die Schwierigkeit, die Machtstrukturen im Kapitalismus und das Spezifische an dieser Produktionsweise zu erkennen liegt in der „Anonymität der gesellschaftlichen Kräfte [...] der kapitalistischen Produktionsform. Im Gegensatz zu den meisten anderen Gesellschaftsformen, wo die sozialen Gesetzmäßigkeiten klar ersichtlich sind und auf politischer Macht oder Tradition beruhen, besitzt der Kapitalismus keine solche expliziten Gesetze. Er gründet sich auf dem Prinzip, daß für die Allgemeinheit das Beste herauskommen wird, wenn nur jeder auf dem Markt seinen eigenen Vorteil sucht.“[15]

---

14 Zum Urkommunismus und zu später noch existierenden egalitären Gesellschaften siehe das Kapitel „Die egalitären Gesellschaften der Vergangenheit – eine unschätzbare anthropologische Erkenntnisquelle“ in *Schäfer* 2022.

15 Fromm, Erich: *Wege aus einer kranken Gesellschaft,* Frankfurt, Berlin, Wien (Ullstein) 1980, S. 135

Was macht die kapitalistische Produktionsweise aus?

Solange die Menschen für ihren Lebensunterhalt nur einen kleineren Teil ihrer Erwerbstätigkeit für die Warenproduktion aufwandten, wirkten die Konkurrenzmechanismen nur in begrenztem Maße und bestimmten nicht das gesamte Leben. Mit der ursprünglichen Akkumulation von Kapital[16] und der weitgehenden Zerstörung von Gemeinschaftseigentum entstand eine neue Form der Spaltung der Gesellschaft: auf der einen Seite die Produktionsmittelbesitzer und auf der anderen die – in doppeltem Sinne „freien" – Arbeiter[17]. Damit stehen sich zwei Hauptklassen gegenüber, nämlich die Kapitaleigner und diejenigen, die für ihren Lebensunterhalt auf den Verkauf ihrer Ware Arbeitskraft angewiesen sind. Der Kapitaleigner kauft, um (mit dem Ergebnis des Produktionsprozesses) teurer zu verkaufen und damit Profit zu machen.

Die Lohnabhängigen hingegen verkaufen, um kaufen zu können. Daran ändern auch die sozialen Sicherungssysteme nichts, denn sie werden – in Form des indirekten Lohns – ebenfalls von den abhängig Beschäftigten erwirtschaftet. Sozialversicherungen dienen also zum einen dem geschmeidigen Anpassen der Kapitalausgaben für die Ware Arbeitskraft an die Marktlage und zum anderen zur politischen (und sozialpsychologischen) Verträglichkeit des kapitalistischen Systems für die Mehrheit der Bevölkerung.

Die kapitalistische Produktionsweise entwickelte sich in Westeuropa seit dem 15. und 16. Jahrhundert. Auf der Grundlage verstärkter Arbeitsteilung, technischer Neuerungen und gewaltsamer Enteignungsprozesse nahm die Akkumulation von Kapital Fahrt auf. So hat sich in den meisten Ländern Westeuropas ab dem 19. Jahrhundert der Kapitalismus so weit durchgesetzt, dass von nun an drei Faktoren uneingeschränkt wirken:

---

16 „Die sog. Ursprüngliche Akkumulation von Kapital ist also nichts als der historische Scheidungsprozeß von Produzent und Produktionsmittel. Er erscheint als ‚ursprünglich', weil er die Vorgeschichte des Kapitals und der ihm entsprechenden Produktionsweise bildet." Marx, Karl: *Das Kapital*, Bd. I, MEW 23: 742

17 „Zur Verwandlung von Geld in Kapital muß der Geldbesitzer also den freien Arbeiter auf dem Warenmarkt vorfinden, frei in dem Doppelsinn, daß er als freie Person über seine Arbeitskraft als seine Ware verfügt, daß er andrerseits andre Waren nicht zu verkaufen hat, los und ledig, frei ist von allen zur Verwirklichung seiner Arbeitskraft nötigen Sachen." Karl Marx: *Das Kapital*, Bd.1, MEW 23: 183

Erstens sind nun die Produzenten von ihren Produktionsmitteln getrennt. Sie können nicht mehr selbst bestimmen, was, wie und in welchem Umfang sie produzieren. Sie sind entfremdet.

Zweitens festigt sich mit dieser Enteignung und der daraus resultierenden Abhängigkeit die Klassenspaltung. Nur oberflächlich betrachtet (nämlich nur auf der formal juristischen Ebene der bürgerlichen Gesetzgebung) sind alle Menschen gleichgestellt. Aufgrund des Privatbesitzes und des Erbrechts werden die Menschen sehr wohl in real verschiedene Klassen hineingeboren, die entgegengesetzte Interessen verfolgen. Hinzu kommt, dass die Herrschenden (wozu nicht nur die Kapitaleigner, sondern auch die sonstigen Reichen und die Spitzen des Staates gehören[18]) ein beständiges Interesse daran haben, die Klasse der Lohnabhängigen politisch zu spalten: Frauen werden schlechter bezahlt als Männer, Migrant:innen werden benachteiligt, neu Ankommende werden abgesondert usw. Dass hierfür die großen Medien (auch sie sind in den Händen der herrschenden Klasse) eifrig mitwirken, ist tagtäglich zu erfahren.

Drittens wird mit der Verwandlung der Arbeitskraft in eine Ware und ihre Ausbeutung durch das Kapital die materielle, aber auch die politische und sozialpsychologische Kluft zwischen den Klassen unaufhaltsam größer, sowohl innerhalb eines Landes als auch zwischen den früh industrialisierten Ländern einerseits und weiten Teilen des Globalen Südens andererseits. Hier wirken der ungleiche Tausch[19] wie auch die geopolitische und militärische Macht der imperialistischen Länder.

Warum werden Kapitaleigner ständig reicher und warum wird die Kluft ständig größer? Marx hat mit der Aufdeckung der Funktionsweise der Mehrwertproduktion den entscheidenden Erkenntnisgewinn zum Verständnis der kapitalistischen Produktionsweise geliefert. Das Kapital kauft

18 Mehr dazu unter: Schäfer, Jakob: *Zur Konstitution des bürgerlichen Staates*, https://intersoz.org/zur-konstitution-des-buergerlichen-staates/

19 „Aber letzten Endes ist Werttransfer weder an eine bestimmte Form sachlicher Produktion noch an einen bestimmten Grad der Industrialisierung gebunden, sondern an eine Stufenfolge der Akkumulation des Kapitals, der Arbeitsproduktivität und der Mehrwertraten. Nur im Falle einer *allgemeinen Homogenisierung* der kapitalistischen Produktion im internationalen Maßstab würden die Quellen von Surplus-Profit versiegen. Findet diese Homogenisierung nicht statt, so wandelt sich allein die *Form* der Unterentwicklung, nicht ihr *Inhalt*." Mandel, Ernest: *Der Spätkapitalismus. Versuch einer marxistischen Erklärung*, Frankfurt (Suhrkamp) 1972, XI. Kapitel („Neokolonialismus und ungleicher Tausch"), S. 340

nicht Arbeit ein, sondern Arbeitskraft. Deren Wert liegt bei dem, was nach den Gesetzen des Marktes für die Reproduktion der jeweiligen Arbeitskraft benötigt wird. Lohn (respektive Gehalt) ist der Marktpreis der Arbeitskraft. Die Verwertung der Arbeitskraft – also die Nutzung ihres Gebrauchswerts – erzeugt einen Wert, der in der Regel höher ist als der Lohn (das Gehalt). Die Differenz ist der Mehrwert. Marx verdeutlicht diesen Prozess mit einer Formel, die den Kern der kapitalistischen Produktionsweise zusammenfasst:

$$G - W < \genfrac{}{}{0pt}{}{Ak}{Pm} \;\ldots\ldots\ldots P \ldots\ldots\ldots\; W' - G'$$

$$G' - W' < \genfrac{}{}{0pt}{}{Ak}{Pm} \;\ldots\ldots\ldots P \ldots\ldots\ldots\; W'' - G''$$

usw.

(G= Geld; W= Waren, die sich aufteilen in Ak= Arbeitskraft und Pm= Produktionsmittel; P steht für den Produktionsprozess und W‘ bzw. G‘ für den um den Mehrwert (') erhöhten Wert)

Marx nennt das Kapital wegen dieser zwingenden Bewegung ein „automatisches Subjekt“ (MEW 23: 169), weil es zwar ständig seine Form ändert (G – W – G), sich im Produktionsprozess aber vermehrt. So ist das Kapital eine „prozessierende, sich selbst bewegende Substanz“ (ibid.), „um aus Geld mehr Geld zu machen“. (MEW 23: 170)

Konkurrenz ist die Form, in der das Wertgesetz und das Mehrwertgesetz zur Geltung kommen. Das Wertgesetz sagt aus: Die Wertgröße der Ware bemisst sich nach dem Quantum an gesellschaftlich notwendiger Arbeitszeit und ist damit abhängig von der Entwicklung der Produktivkräfte (sowie von der Intensität der Arbeit). Das Ziel der kapitalistischen Produktion ist die möglichst große Produktion von Mehrwert (Mehrwertgesetz).

Mit der vollumfänglichen Durchsetzung kapitalistischer Produktionsverhältnisse entscheidet das Wertgesetz darüber, welche Produkte und welche Dienstleistungen in welchem Umfang und auf welche Weise produziert werden und bei wem sie ankommen. Denn nicht die Bedürftigkeit, sondern die Marktlage und die Kaufkraft der einzelnen Personen entscheidet darüber, wer was bekommt oder nicht bekommt.

Gleichzeitig entscheidet das Wertgesetz allerdings auch darüber, welches Kapital sich am Markt behauptet. Für die Kapitaleigner stellt sich deswegen die Frage, wie ein Maximum an Mehrwert aus dem Gebrauch (Marx: aus der „Vernutzung“) der Ware Arbeitskraft gezogen werden kann.

Das Einzelkapital ist also nicht allein auf der Welt. Die verallgemeinerte Warenproduktion, also die kapitalistische Produktionsweise, besteht darin, dass a) der Produktionsmittelbesitzer nicht ausschließlich für sich produziert (bzw. produzieren lässt), sondern für den Markt, und b) dass nicht die Gesellschaft entscheidet, was produziert wird und wie es verteilt wird. Das heißt, die in Privatbesitz befindlichen Produktionsmittel werden gemäß den Notwendigkeiten zur Erzeugung einer maximalen Profitrate eingesetzt. Ein Kapital, das nicht bestrebt ist, ständig produktiver zu werden, droht im Konkurrenzkampf auf dem Markt auszuscheiden und damit als Mehrwert heckende Quelle zu versiegen.

Das Bestreben, die Produktion ständig auszudehnen (um mehr Kapital akkumulieren zu können), liegt nicht in der Gier der Kapitaleigner begründet (nicht nur hier übrigens liegt Sarah Wagenknecht vollkommen falsch). Es ist nicht die Gier nach noch mehr Luxus der Reichen (die natürlich sehr wohl besteht und mit Recht anzuprangern ist[20]), die den Bewegungsmechanismus des Kapitals bestimmt. Investitionen und die Produktion erfolgen gemäß den Profiterwartungen der Einzelkapitale. Produktion und erst recht die Verteilung richten sich nicht nach den Bedürfnissen der Menschen, sondern nach den Verwertungsmöglichkeiten (also den Profitchancen) des Kapitals. Besonders die Klimakrise macht deutlich, dass es dem Kapital eo ipso nicht um die Interessen der Menschheit geht. Der jeweils auf absehbare Zeit realisierbare Gewinn zählt, nicht die Wahrung oder gar die Besserung der Lebensbedingungen der großen Mehrheit der Bevölkerung oder der menschlichen Gattung. So ist klar: Im Kapitalismus besteht ein unauflösbarer Widerspruch zwischen der einzelbetrieblichen Rationalität und der gesamtgesellschaftlichen Rationalität.

Das Kapital hat einen Heißhunger auf Mehrwert. Zur Steigerung seiner Produktivität stehen ihm drei fundamentale Mittel zur Verfügung:

---

20 Siehe dazu beispielsweise die durch Profitsteigerungen verschärfte Inflation (greedflation) im Jahr 2023. https://jacobin.com/2023/04/greedflation-inflation-price-gouging-corporate-profits-central-banks-economists und vor allem bei Roberts, Michael: https://thenextrecession.wordpress.com/2023/07/05/from-greedflation-to-stagflation-and-then-slumpflation/; Roberts führt dort aus „...price rises were greater where firms had ‘market power’ and this explained ‘sellers inflation’.“

a) Senkung der Löhne (Gehälter), was allerdings nicht unabhängig von dem Marktgeschehen (also von Angebot und Nachfrage an Arbeitskräften) möglich ist; befindet sich allerdings die Mehrheit der bestimmenden Einzelkapitale in einer tiefen Verwertungskrise, hat sie immer die Option, eine extrem autoritäre bis faschistische „Lösung" zu wählen, um darüber eine drastische Senkung der Reallöhne durchzusetzen; schließlich war dies ja das ausschlaggebende Moment für das Kapital, Hitler an die Macht zu verhelfen;
b) technische Neuerungen, um möglichst der Konkurrenz ein Stück voraus zu sein und auf diese Weise Extraprofite einzuheimsen, mindestens aber so viel zu erneuern, um gut mithalten zu können;
c) Ausdehnung der Produktion, um, wenn schon nicht die Profitrate, so doch wenigstens die Profitmasse zu erhöhen und sich auf diese Weise die Mittel für die nächste technische Umstellung der Produktion zu verschaffen. Die *Economy of scales*, also die Einsparungen, die sich aus der erweiterten Produktion ergeben, sind sogar die Haupttriebfeder dafür, dass das Kapital unablässig bestrebt ist, die Produktion auszudehnen. Schließlich lassen sich technische Neuerungen nicht auf Knopfdruck herbeiführen oder auf sonstige Weise erzwingen.

Akkumulation von Kapital (also die Kapitalisierung von Mehrwert) ist damit zweierlei: *erstens* die Voraussetzung, um im Wettkampf auf dem Markt (um die größtmögliche Produktivität und damit Rentabilität) bestehen zu können; *zweitens* die Quelle für den ständig wachsenden Reichtum der Kapitaleigner (denn es wird nicht der gesamte Mehrwert kapitalisiert). Das Kapital hat also das Bestreben, unablässig und ohne Grenzen die Produktion auszudehnen. Ohne die Unsicherheit des Warenabsatzes (also der Realisierung des Mehrwerts und damit des Profits) sähe alles anders aus.

Vielen – auch in der Klimaschutzbewegung – ist nicht verständlich, warum das Kapital unablässig nach einer ständigen Steigerung der Produktion strebt und welche Reichweite die Konkurrenz für das Leben der Menschen hat. Friedrich Engels schrieb schon Ende 1843: „Die Konkurrenz hat alle unsre Lebensverhältnisse durchdrungen und die gegenseitige Knechtschaft, in der die Menschen sich jetzt halten, vollendet. Die Konkurrenz ist die große Triebfeder, die unsre alt und schlaff werdende soziale Ordnung, oder vielmehr Unordnung, immer wieder zur Tätigkeit aufstachelt, aber bei jeder neuen Anstrengung auch einen Teil der sinkenden Kräfte verzehrt.“[21]

1845 veröffentlichte Engels sein berühmt gewordenes Buch *Die Lage der arbeitenden Klasse in England.* Dort heißt es:

„Die Konkurrenz ist der vollkommenste Ausdruck des in der modernen bürgerlichen Gesellschaft herrschenden Kriegs Aller gegen Alle. Dieser Krieg, ein Krieg um das Leben, um die Existenz, um *alles,* also auch im Notfalle ein Krieg auf Leben und Tod, besteht nicht nur zwischen den verschiedenen Klassen der Gesellschaft, sondern auch zwischen den einzelnen Mitgliedern dieser Klassen; jeder ist dem andern im Wege, und jeder sucht daher auch alle, die ihm im Wege sind, zu verdrängen und sich an ihre Stelle zu setzen. Die Arbeiter konkurrieren unter sich, wie die Bourgeois unter sich konkurrieren.“[22]

Wenige Jahre später ist Marx dem Kapitalverhältnis systematisch auf den Grund gegangen. Hier einige seiner Kernaussagen zur Konkurrenz, die der tiefere Grund für das ständige Bestreben zur Produktionsausdehnung ist:

„...die gesellschaftliche Teilung der Arbeit stellt unabhängige Warenproduzenten einander gegenüber, die keine andere Autorität anerkennen als die der Konkurrenz, den Zwang, den der Druck ihrer wechselseitigen Interessen auf sie ausübt...“ (*Das Kapital* Band I, MEW 23: 377)

„In der Konkurrenz erscheint diese innre Tendenz des Kapitals als ein Zwang, der ihm von fremdem Kapital angetan wird und der es vorantreibt über die richtige Proportion mit beständigem Marche, marche! [...] Begrifflich ist die Konkurrenz nichts als die innre N a t u r d e s K a p i t a l s, seine wesentliche Bestimmung, erscheinend und realisiert als Wechselwirkung der vielen Kapitalien aufeinander, die innre Tendenz als äußerliche Notwendigkeit.) (Kapital existiert nur und kann nur existieren als viele Kapitalien, und seine Selbstbestimmung erscheint daher als Wechselwirkung derselben aufeinander.“ (Karl Marx, *Grundrisse der Kritik der politischen Ökonomie*, Berlin 1953, S. 317, Hervorhebung im Original; im Folgenden: *Grundrisse*)

21 Engels, Friedrich: *Umrisse zu einer Kritik der Nationalökonomie,* (erschienen Januar 1844), MEW 1: 523

22 Engels, Friedrich: *Die Lage der arbeitenden Klasse in England,* MEW 2: 306

Wir sollten nicht vergessen, dass mit der Abschaffung feudal oder anders begründeter (oder im Zunftwesen angesiedelter) Monopole das Kapital die Möglichkeit der Konkurrenz als eine revolutionäre Errungenschaft feierte. So hält Marx z. B. auch fest:

> „Die historische Seite der Negation des Zunft- etc. -wesens von Seite des Kapitals durch die freie Konkurrenz, heißt weiter nichts, als daß das hinreichend erstarkte Kapital durch die ihm adäquate Verkehrsweise die historischen Schranken niederriß, die die ihm adäquate Bewegung genierten und hemmten.
>
> Aber die Konkurrenz ist weit entfernt bloß diese historische Bedeutung zu haben oder bloß dies Negative zu sein. Die f r e i e Konkurrenz ist die Beziehung des Kapitals auf sich selbst als ein andres Kapital, d.h. das reelle Verhalten des Kapitals als Kapital. Die innern Gesetze des Kapitals - die nur als Tendenzen in den historischen Vorstufen seiner Entwicklung erscheinen - werden erst als Gesetze gesetzt; die auf das Kapital gegründete Produktion setzt sich nur in ihren adäquaten Formen, sofern und soweit sich die freie Konkurrenz entwickelt, denn sie ist die freie Entwicklung der auf das Kapital gegründeten Produktionsweise; die freie Entwicklung seiner Bedingungen und seiner als diese Bedingungen beständig reproduzierenden Prozesses. Nicht die Individuen sind frei gesetzt in der freien Konkurrenz; sondern das Kapital ist frei gesetzt. [...] Die freie Konkurrenz ist die reelle Entwicklung des Kapitals. Durch sie wird als äußerliche Notwendigkeit für das einzelne Kapital gesetzt, was der Natur des Kapitals entspricht, [der] auf das Kapital gegründeten Produktionsweise, was dem Begriff des Kapitals entspricht. Der wechselseitige Zwang, den in ihr die Kapitalien aufeinander, auf die Arbeit etc. ausüben (die Konkurrenz der Arbeiter unter sich ist nur eine andre Form der Konkurrenz der Kapitalien), ist die f r e i e, zugleich reale Entwicklung des Reichtums als Kapital. [...]
>
> Die Herrschaft des Kapitals ist die Voraussetzung der freien Konkurrenz, ganz wie die römische Kaiserdespotie die Voraussetzung des freien römischen ‚Privatrechts' war. [...] Was in der Natur des Kapitals liegt, w i r d [Hervorhebung im Original] nur reell herausgesetzt, als äußre Notwendigkeit; durch die Konkurrenz, die nichts weiter ist, als daß die vielen Kapitalien die immanenten Bestimmungen des Kapitals einander auf-

> zwingen und sich selbst aufzwingen. Keine Kategorie der bürgerlichen Ökonomie, nicht die erste, z.B. die Bestimmung des Werts, wird daher erst wirklich durch die freie Konkurrenz; d.h. durch den wirklichen Prozeß des Kapitals, der als Wechselwirkung der Kapitalien aufeinander erscheint und aller andren vom Kapital bestimmten Produktions- und Verkehrsverhältnisse. Daher andrerseits die Abgeschmacktheit, die freie Konkurrenz als die letzte Entwicklung der menschlichen Freiheit zu betrachten; und Negation der freien Konkurrenz = Negation individueller Freiheit und auf individuelle Freiheit gegründeter gesellschaftlicher Produktion. Es ist eben nur die freie Entwicklung auf einer bornierten Grundlage – der Grundlage der Herrschaft des Kapitals. Diese Art individueller Freiheit ist daher zugleich die völligste Aufhebung aller individuellen Freiheit und die völlige Unterjochung der Individualität unter gesellschaftliche Bedingungen, die die Form von sachlichen Mächten, ja von übermächtigen Sachen – von den sich beziehenden Individuen selbst unabhängigen Sachen – annehmen." (Grundrisse, a. a. O. S. 543 – 545)

Im *Kapital* Band I scheibt Marx zur Konkurrenz der Arbeiter untereinander: „Die Überarbeit des beschäftigten Teils der Arbeiterklasse schwellt die Reihen ihrer Reserve, während umgekehrt der vermehrte Druck, den die letztere durch die Konkurrenz auf die erstere ausübt, diese zur Überarbeit und Unterwerfung unter die Diktate des Kapitals zwingt." (MEW 23: 665) An diesem Mechanismus hat sich bis heute nichts geändert und nur so ist auch die verheerende Wirkung der Hartz-Gesetze zu verstehen, nämlich die dramatische Zunahme existenzieller Unsicherheit und die gewaltige Ausdehnung des Billiglohnsektors. Vor diesem Hintergrund lässt sich der Aufstieg der AfD besser verstehen.

Die Konkurrenz der Privatbesitzer an Produktionsmitteln (die Konkurrenz der Kapitale) ist der treibende Faktor der kapitalistischen Produktionsweise. Deshalb schreibt Marx:

> „Die Konkurrenz überhaupt, dieser wesentliche Lokomotor der bürgerlichen Ökonomie, etabliert nicht ihre Gesetze, sondern ist deren Exekutor. Illimited competition [uneingeschränkte Konkurrenz] ist darum nicht die Voraussetzung für die Wahrheit der ökonomischen Gesetze, sondern die Folge – die Erscheinungsform, worin sich ihre Notwendigkeit realisiert." (*Grundrisse*, a. a. O. S. 450)

> „Wirkung der einzelnen Kapitalien aufeinander bewirkt eben, daß sie als *Kapital* sich verhalten müssen; das scheinbar unabhängige Wirken der Einzelnen und ihr regelloses Zusammenstoßen ist grade das Setzen ihres allgemeinen Gesetzes." (*Grundrisse* a. a. O. S. 550)

> „Erste Voraussetzung bei ihm [Ricardo] ‚*Konkurrenz ohne Einschränkung*' und beliebige Vermehrung der Produkte durch die Industrie [...] Dies heißt nun in anderen Worten nichts, als daß die Gesetze des Kapitals sich vollständig bloß realisieren innerhalb *illimited competition* [uneingeschränkte Konkurrenz] und *industrial production.* Auf dieser produktiven Basis und jenem Produktionsverhältnis entwickelt sich das Kapital adäquat; treten also seine immanenten Gesetze vollständig in Realität." (*Grundrisse,* a. a. O., S. 454, Hervorhebungen jeweils im Original)

Der Kapitalismus ist ohne den Konkurrenzmechanismus nicht denkbar. Die Konkurrenz zwingt die Kapitale zur ständigen Suche nach Extraprofiten, was die Ursache für die ständigen Umbrüche ist.

> „Im großen und ganzen hängt dies aber auch nicht vom guten oder bösen Willen des einzelnen Kapitalisten ab. Die freie Konkurrenz macht die immanenten Gesetze der kapitalistischen Produktion dem einzelnen Kapitalisten gegenüber als äußerliches Zwangsgesetz geltend." (*Das Kapital* Bd. I, MEW 23: 286)

> „Was aber bei diesem als individuelle Manie erscheint, ist beim Kapitalisten Wirkung des gesellschaftlichen Mechanismus, worin er nur ein Triebrad ist. Außerdem macht die Entwicklung der kapitalistischen Produktion eine fortwährende Steigerung des in einem industriellen Unternehmen angelegten Kapitals zur Notwendigkeit, und die Konkurrenz herrscht jedem individuellen Kapitalisten die immanenten Gesetze der kapitalistischen Produktionsweise als äußere Zwangsgesetze auf. Sie zwingt ihn, sein Kapital fortwährend auszudehnen, um es zu erhalten, und ausdehnen kann er es nur vermittels progressiver Akkumulation." (MEW 23: 618)

Für den Zusammenhang unserer Betrachtung ergeben sich hieraus vor allem die folgenden Schlussfolgerungen:

Erstens: Die Ausdehnung der Produktion und des Konsums ist nicht der Bösartigkeit der Kapitaleigner:innen geschuldet sondern ist systembedingt. Bei Strafe des Untergangs ist das Kapital gezwungen, ständig eine Ausdehnung der Produktion anzustreben, um auf diese Weise genug Kapital akkumulieren zu können, damit es – angetrieben durch die Konkurrenz – in der Lage ist, die nächste technische Neuerung (Maschinen oder Programme der nächsten Entwicklungsstufe) anzuschaffen. Bei Stillstand des technischen und organisatorischen Erneuerungsprozesses ist das wirtschaftliche Scheitern des entsprechenden Betriebs (bzw. des gesamten Unternehmens) früher oder später vorprogrammiert.

Zweitens: Diesen Mechanismus erleben die Beschäftigten im Betrieb und begreifen ihn – eben wegen des für sie allseits sichtbaren Konkurrenzdrucks – als unvermeidlich.

Drittens: Die Wirkungen der Konkurrenz erleben die Beschäftigten aber nicht nur als Wettbewerb der Kapitale. Das Konkurrenzverhältnis besteht auch – ebenfalls systembedingt – unter den abhängig Beschäftigten. Es liegt im Interesse des Kapitals, dass diese Konkurrenz existiert und nach Möglichkeit gefestigt wird, denn sie ist ein sehr wirksames Mittel, den Preis der Ware Arbeitskraft im Zaum zu halten. So erklärt sich, dass das Kapital ein großes Interesse daran hat, das Heer der Erwerbslosen nie zu klein werden zu lassen. Dass in diesem Zusammenhang etwa die Abschaffung der Arbeitslosenhilfe und die Installierung von Hartz IV (auch in seiner kaum veränderten Form als Bürgergeld) auch innerhalb des Betriebs eine brutal disziplinierende Rolle spielt, muss an dieser Stelle nicht weiter erläutert werden.[23]

Nun sollten wir nicht übersehen, dass das Kapital die Vorteile der Kooperation sehr wohl zu schätzen weiß. Das zeigte sich schon auf der Ebene der Manufaktur und setzt sich im gemeinsamen Wirken der Arbeitskräfte in der Industrie fort. So erscheint im Kapitalismus die Kooperation als eine besondere Produktivkraft des Kapitals, und zwar deswegen, weil das Zusammenwirken im Produktionsprozess als eine „Erfindung" des Kapitals (gegenüber der Arbeit des individuellen Handwerkers) wahrgenom-

23 Für mehr Infos zu den ganz konkreten Folgen etwa der Agenda-Politik sei auf folgende Website verwiesen: https://tacheles-sozialhilfe.de/informationen/folien-sgb-ii.html

men wird. So ist die „mechanische Kraftsumme vereinzelter Arbeiter" wesentlich verschieden von der „gesellschaftlichen Kraftpotenz, die sich entwickelt, wenn viele Hände gleichzeitig in derselben ungeteilten Operation zusammenwirken, z. B. wenn es gilt, eine Last zu heben, eine Kurbel zu drehn oder einen Widerstand aus dem Weg zu räumen." (Marx, *Das Kapital*, MEW 23: 345) Es handelt sich dabei „nicht nur um Erhöhung der individuellen Produktivkraft durch die Kooperation, sondern um die Schöpfung einer Produktivkraft, die an und für sich Massenkraft sein muss" (ibid.) und die als solche höher als die Summe der Individualkräfte ist. Unabhängig von der kapitalistischen Verwertung kooperativer Arbeit hält Marx fest: „Im planmäßigen Zusammenwirken mit anderen streift der Arbeiter seine individuellen Schranken ab und entwickelt sein Gattungswesen." (MEW 23: 349).

Doch was im Einzelbetrieb zum Ausdruck kommt, ist keine gesellschaftliche Kooperation, sondern nur Kooperation der Arbeitskräfte, die ein Kapitalist einsetzt in Konkurrenz zum einzelnen Handwerksbetrieb und später als Industriekapitalist gegenüber dem Manufakturkapitalisten. Für das Kapital führt das Spannungsverhältnis zwischen Kooperation und Konkurrenz innerhalb des eigenen Betriebs zu einem permanenten Widerspruch, den wir kurz mit einem Blick auf die betriebliche Organisation im Kapitalismus beleuchten wollen.

Zur betrieblichen Organisation im Kapitalismus[24]

Die betriebswirtschaftliche Planung auf der Ebene eines Unternehmens oder eines Konzerns gestaltet sich vor dem Hintergrund der kapitalistischen Konkurrenz und damit einer gesamtgesellschaftlichen Irrationalität, denn die nicht geplante Produktion vergeudet zwangsläufig gesellschaftliche Ressourcen. So werden Bedürfnisse (und seien sie für viele Menschen existentiell) unzureichend oder gar nicht befriedigt (von allen anderen Nachteilen noch ganz abgesehen, auf die wir an dieser Stelle gar nicht eingehen wollen). Entscheidend für die Unternehmensleitung: Konkurren-

24 Der folgende kurze Abschnitt ist in Teilen einem Aufsatz von mir aus dem Jahr 2005 entnommen: *Zusammenwirken – ohne Stress und Ellenbogen. Anmerkungen zur betrieblichen Organisation.* In: *internationale theorie, Nr. 29*

ten sollen ausgestochen werden, ganz gleich welche sozialen oder ökologischen Folgen das hat.

Doch damit nicht genug: Dieser grundlegende Widerspruch wiederholt sich im Betrieb (besser: findet dort seine Entsprechung), und zwar in dem Widerspruch, in dem sich die abhängig Beschäftigten befinden. Sie sollen nämlich – ob im Team oder in anderer Form – zusammenarbeiten und vor allem: Sie sollen das Gold in ihren Köpfen dem Betrieb zur Verfügung stellen. Dies wäre – wenn ohne Einschränkung umgesetzt – voll und ganz im Sinne der Kapitaleigner, denn es würde die Produktivität optimal erhöhen.

Die Beschäftigten (für die Unternehmensleitung sind es die „Mitarbeiter") halten sich aber aus mehreren Gründen zurück:

a) Wer sein Wissen und seine Kreativität voll zum Einsatz bringt, erhöht die Profite der Kapitaleigner, der Vorstände etc. Aber genau denen wird es oft nicht gegönnt, denn sie gehen das ganze Jahr über schäbig mit den „lieben Mitarbeitern" um.
b) Wer sein Wissen im Team weitergibt, kann damit nicht an höherer Stelle glänzen. Wissen wird also zurückgehalten und gerade nicht optimal eingesetzt.
c) Wer sein Wissen so weitergibt, dass damit Arbeit eingespart werden kann, riskiert damit im Extremfall seinen eigenen Arbeitsplatz, in jedem Fall aber wird auf diese Weise zur Einsparung von Arbeitskräften beigetragen. Auch dies ist somit Ausdruck der Absurdität der kapitalistischen Produktionsweise.

Was sich auf der Ebene der fehlenden Zusammenarbeit unter den einzelnen Kolleg:innen abspielt, wiederholt sich auf der Ebene der Abteilungen (am schärfsten ausgeprägt bei der Organisationsform der Profit-Centers[25]), wenn nämlich eine Abteilung „gute Ergebnisse" bringt und den anderen nicht verraten will, welche organisatorischen, „personalwirtschaftlichen" oder technischen Vorrichtungen oder Tricks oder Geschäftsbeziehungen zu externen „Partnern" dazu beigetragen haben. Auch hier ist das Glänzen gegenüber der „obersten Heeresleitung" (Kon-

25 Jede Abteilung, die von der Unternehmens- oder Konzernspitze als Profit-Center erklärt wird, ist verpflichtet, schwarze Zahlen zu schreiben, hat im Gegenzug aber die Möglichkeit, Arbeiten an beliebige Partner (konzernintern oder auch extern) zu vergeben und dafür selbst die Preise festzusetzen bzw. auszuhandeln.

zernspitze) wichtiger als z. B. mögliche Einsparungen an Material, Energie usw.

So erleben wir im Betrieb, dass das, was das einzelne Kapital auf gesellschaftlicher Ebene gegenüber seinen Konkurrenten vorlebt (Ellenbogen), sich sogar innerhalb des Betriebs reproduziert.

Die Folgen sind eindeutig: Das Konkurrieren zwischen den Abteilungen und vor allem zwischen den Kolleg:innen tötet Kreativität ab, verhindert Kooperation, fördert das Gegeneinander und im Extremfall auch das Mobbing.

Aber nicht nur für die Effektivität des gesamtgesellschaftlichen Produktionsprozesses ist die vom kapitalistischen Betrieb geforderte Disziplin und die allseits praktizierte Konkurrenz schädlich. Sie wirkt sich auch bei den Lohnabhängigen sehr negativ aus. Gillespie schreibt: „Ein eigenes Leben wird ihm [dem/der Arbeitenden] versagt. Das Bedürfnis, seine Arbeit zu beherrschen, schöpferisches Schaffen, Neugier und unabhängiges Denken werden erstickt, und das Ergebnis, die unausweichliche Folge von Seiten des Arbeiters, ist Flucht oder Kampf, Apathie oder Destruktivität – psychische Regression.“[26]

Der Soziologe Alfred Vierkandt stellte bereits zu Beginn des 20. Jahrhunderts fest, dass „Konkurrenz entzweit. Es [sic] markiert alle als mögliche Gegenspieler und gibt jedermann einen bestimmten Wert, der ins Verhältnis zum eigenen gestellt wird. Das eröffnet Hierarchien, bringt Missgunst, Neid, Angst, Unsicherheit und impliziert auch die Möglichkeit, nicht gut oder wertvoll genug zu sein.“[27]

„Die Schlechten ins Kröpfchen“

So bewirkt die Konkurrenz sogar innerhalb des Betriebs eine nicht gerade optimale Nutzung der kreativen Fähigkeiten der Beschäftigten. Aber die „normale“ kapitalistische Betriebsleitung setzt dennoch auf eine mindestens unterschwellige Förderung des Konkurrenzverhaltens innerhalb der Belegschaft, weil damit unter dem Strich die Arbeitsleistung hochgehalten

26 Gillespie, J. J.: *Free Expression in Industry*, London 1948, hier zitiert nach Fromm 1980: 124

27 Alfred Vierkandt zitiert nach Kieserling, André: *Die Leiden der Impressionisten*, https://www.faz.net/aktuell/wissen/leben-gene/das-leben-in-der-konkurrenzgesellschaft-14094564.html

wird und sich dies für das Einzelkapital „auszahlt" (zumindest nimmt man dies an). Im Allgemeinen belassen es die Chefs (bzw. die Vorgesetzten) bei „diskreten" Hinweisen, dass man sich „zeigen" muss, wenn man mehr verdienen will (oder gar in der Hierarchie aufsteigen will), aber es gibt auch Personalführungsstrategien, die ganz offen den Konkurrenzkampf unter den Beschäftigten fördern:

Das entscheidende Mittel dafür ist die „Mitarbeiterbewertung". Die *„absolute" Bewertung* erfolgt dabei ohne einen offen erkennbaren Vergleich mit den anderen „Mitarbeitern". Die IG Metall hat im Rahmen des Tarifvertrags ERA[28] dies in ein „objektives" Bewertungssystem „einzufangen" versucht. Damit sollen Einheitlichkeit und Vergleichbarkeit der Arbeitsbewertung erreicht und willkürliche Einstufungen durch Vorgesetzte verhindert werden. Auch für die Bemessung der Leistungsentgelt-Bestandteile sollen „objektive" Kriterien zur Anwendung kommen. Man mag damit hier und da etwas zur „Versachlichung" beigetragen haben, aber an dem Grundprinzip – nämlich der Konkurrenz um die bessere Arbeit und den besseren Posten im Betrieb – hat dies selbstverständlich rein gar nichts geändert.

Bei der *relativen Bewertung* werden Mitarbeiter im Vergleich zu ihren Kolleginnen und Kollegen bewertet. Hier sollen die Vorgesetzten zur Sortierung nach festen Quoten gezwungen werden – die Guten ins Töpfchen, die Schlechten ins Kröpfchen. Unter Personalchefs firmiert dieses Einsortieren als *forced distribution* oder auch als *forced ranking,* d. h. die Abteilungsleiter sind verpflichtet, ihre „Mitarbeiter" jeweils im Vergleich zu den anderen Beschäftigten der betreffenden Abteilung einzustufen. Die bekannteste und mit Sicherheit die brutalste Form der „Mitarbeiterbewertung" ist die von Jack Welsh (mehr als 20 Jahre lang Vorstandsvorsitzender von General Electric, GE) propagierte „20-70-10 Regel". Nach diesem System werden die 20 Prozent der Beschäftigten, die als die besten taxiert werden, gefördert, die 70 Prozent in der Mitte werden zwar nicht abgestraft, werden aber auch nicht gefördert. Die 10 Prozent mit der schlechtesten Bewertung werden als „Minderleister" eingestuft.

Jack Welch führte diese Methode in den achtziger Jahren ein. Dabei ging es nicht etwa nur um die Höhe der Boni. Jedes Jahr wurden diejeni-

---

28 Das erste Entgelt-Rahmenabkomme, ERA, wurde 2003 in Baden-Württemberg abgeschlossen und dann in den anderen Tarifgebieten so oder in ähnlicher Form übernommen und in den Folgejahren in den Betrieben der Metall- und Elektroindustrie eingeführt.

gen zehn Prozent der GE-Beschäftigten entlassen, die in diesem System des „forced ranking" als Minderleister erklärt worden waren. Ersetzt wurden sie durch Neueinstellungen, die natürlich alles in Bewegung setzten, um bleiben zu können. Im für sie günstigen Fall „bissen dann andere ins Gras". Das war ein System des extremen Aussortierens bzw. die „Firma als Haifischbecken"[29].

Dieses Wettbewerbssystem in der „Mitarbeiterbewertung" geht von einer Rangordnung aus und ist letztlich nichts anderes als das kapitalistische Leitprinzip Konkurrenz bis ins letzte Detail heruntergebrochen. Bei der „Mitarbeiterbewertung" mit einem „forced ranking" muss der Beurteilende für die Bewertung die gesamte Skala eines vorgegebenen Schemas benutzen (also etwa bei fünf Stufen alle von sehr gut bis schlecht.) Bei dieser Methode gibt es zwangsläufig immer einen bestimmten Prozentsatz „fauler Äpfel". Welche psychischen Folgen dies hat, ist unschwer auszumalen.

Um keine zu großen Reibungsverluste zu verursachen, sind seit der Mitte der 2010er Jahre manche Unternehmen vom „forced ranking" abgekommen, weil selbst nach Meinung der Kapitaleigner damit zu viele Beschäftigte motiviert werden, gegeneinander zu arbeiten (zuweilen sogar mit Sabotage und/oder Mobbing). Hinzu kommt, dass ein Betrieb mit *forced ranking* einen zu schlechten Ruf bekommen kann, was es schwer macht, neue Fachkräfte anzuwerben. Das „Reputationsrisiko" beim Werben um Spezialist:innen betrifft aber nur bestimmte Unternehmensarten (so ist Microsoft deswegen von dieser Form der Personalpolitik abgerückt). Etwa 85 Prozent der Betriebe wenden kein *forced ranking* an und riskieren insofern keine derartigen Probleme bei der Einstellung von entsprechenden Fachkräften. Aber auch dort werden die „Mitarbeiter" weiter bewertet und befinden sich in Konkurrenz zueinander.[30]

Wie sagte schon Marx: „Die so unter den Arbeitern erzeugte Konkurrenz befähigt den Kapitalisten, den Preis der Arbeit herabzudrücken..." (MEW 23: 571). Im Spätkapitalismus muss dies nicht über eine Senkung

---

29 Julia Graven: *Mitarbeiterbewertung in Deutschland „Die Schlechten ins Kröpfchen"*, https://www.spiegel.de/karriere/tuecken-von-mitarbeiterbewertungen-kollege-gegen-kollegen-a-933568.html, letzter Zugriff. 14.11.2013

30 Siehe auch die Untersuchung des Bonner Instituts „Zukunft der Arbeit": *Performance Appraisals and the Impact of Forced Distribution: An Experimental Investigation* (Juni 2010) unter https://docs.iza.org/dp5020.pdf

des Lohns erfolgen, sondern äußert sich vornehmlich in einem steigenden Arbeitsdruck, aber auch im Bestreben, mindestens den Reallohn zu senken.

Noch ganz unabhängig von den Auswirkungen auf das allgemeine Zusammenleben: Gesamtgesellschaftlich ist vor allem die Tatsache verheerend, dass alle möglichen technischen Erfindungen, Tricks usw., die unzähligen Erkenntnisse, die in all den konkurrierenden Betrieben (in unterschiedlicher Form) parallel nebeneinanderher gewonnen werden, im Normalfall den Betrieb nicht verlassen und somit in den konkurrierenden Betrieben nicht genutzt werden können. So bleibt eine Unmenge an menschlicher Energie, Erfindungsgeist, Handhabungstricks usw. ungenutzt; ja mensch könnte sagen: tausendfach und abertausendfach muss tagtäglich zwar nicht unbedingt *„das Rad"* neu erfunden werden, aber doch viele kleine (oder auch große) nützliche Räder könnten bei einer anderen gesellschaftlichen Organisation für die Menschheit fruchtbringend (z. B. ressourcenschonend) zur Anwendung kommen.

Es läge im Interesse der Menschheit, durch ungehindertes Zusammenarbeiten in erster Linie die Kreativität zu fördern. Daneben würde ein Zusammenwirken nicht nur verhindern, dass die Menschen durch das Wirken der anderen indirekt oder direkt Nachteile für sich befürchten, sondern es würde vor allem gesamtgesellschaftlich Arbeit einsparen.

Burnout

Ab Mitte der 1970er Jahre wurde das Burnout-Syndrom systematisch untersucht.[31] In den grundlegenden Arbeiten etwa der US-amerikanischen Psychologin Christina Maslach wird diese Krankheit als eine Reaktion auf chronische Stressoren beschrieben. Sie ist der Preis zu hoher Erfolgsorientierung oder hoher moralischer Ansprüche. „Das Burnout-Syndrom bezeichnet einen Zustand, bei dem der Patient [die Patientin] durch andauernden beruflichen Stress derart belastet ist, dass sich ein Zustand physischer und emotionaler Erschöpfung mit deutlich reduzierter Leis-

31 Erste Veröffentlichungen in dieser Zeit stammen von Herbert J. Freudenberger und von der Sozialpsychologin Christina Maslach. Freudenberger beschrieb Burn-out als *superachiever-sickness.*

tungsfähigkeit einstellt."[32] Zur Diagnose, ob es sich um Burnout handelt, wird das seit Jahrzehnten international anerkannte Maslach Burnout Inventory (MBI)[33] genutzt.

Zu den Ursachen des Burnout-Syndroms gehört (neben dem Nichterreichen selbstgesteckter Ziele) das Ungleichgewicht von Leistung und Anerkennung, kurz ERI (Effort-Reward Imbalance Model), und zwar dann besonders, wenn die entsprechende Person der Überzeugung ist, dass die Erwartung, für Leistung Anerkennung zu erfahren, nicht erfüllt wird. So sind vor allem die Personen durch Arbeitsstress gesundheitlich gefährdet, die sowieso schon unter ständigem Leistungsdruck stehen und dann noch eine zusätzliche Arbeitsverdichtung erfahren. Am schlimmsten wird es, wenn ihnen gleichzeitig die Kontrolle und der Entscheidungsspielraum bei der Ausführung der Aufgaben genommen oder eingeschränkt wird. Sie bekommen dann das Gefühl, sich wie in einem Hamsterrad zu bewegen, sehen aber keine Möglichkeit, dem zu entfliehen.

Nach den Analysen gemäß dem ‚Maslach Burnout-Inventory' (MBI)"[34] sind vor allem Menschen betroffen, die sich mit anderen Menschen befassen, ganz besonders Pfleger:innen, Lehrer:innen usw. In der 11. Version der *International Statistical Classification of Diseases and Related Health Problems* (Internationalen statistischen Klassifikation der Krankheiten und verwandten Gesundheitsprobleme), die seit 2022 international gültig ist und künftig auch im deutschsprachigen Raum zur Anwendung kommt, ist Burnout als Syndrom beschrieben, das zurückzuführen ist auf „Stress am Arbeitsplatz, der nicht erfolgreich verarbeitet werden kann".

Elin Thunman verweist darauf, dass es in den vergangenen Jahrzehnten immer mehr zu Fällen von Burnout gekommen ist. Für Thunman ist Burnout inzwischen eine „soziale Pathologie der Gegenwart, deren Ausgangspunk die tiefgreifenden Transformationen sind, die westliche Gesellschaften in den letzten drei, vier Jahrzehnten erlebt haben."[35] Nach der von Thunman in Schweden durchgeführten Untersuchung wurden zwei Dinge besonders deutlich:

32 https://flexikon.doccheck.com/de/Burnout-Syndrom
33 https://hbr.org/2021/03/how-to-measure-burnout-accurately-and-ethically
34 https://www.spektrum.de/wissen/burnout-und-was-dahintersteckt/1646926
35 Thunman, Elin: *Burnout als sozialpathologisches Phänomen der Selbstverwirklichung*, in Neckel, Sighard / Wagner, Greta: *Leistung und Erschöpfung. Burnout in der Wettbewerbsgesellschaft*, Berlin (Suhrkamp), 2013, S. 58

Erstens ist diese spezifische Krankheit der Erschöpfung keineswegs nur auf Berufe mit intensiver Betreuungs- oder Pflegearbeit beschränkt[36].

Zweitens hängt die Zunahme dieser Erkrankung ganz stark mit institutionalisierten Forderungen nach individueller Selbstverwirklichung zusammen, denen sich die Individuen als Privatpersonen nur schwer entziehen können. Den abhängig Beschäftigten wird ein Individualismus nahegelegt, mit dem sie sich „authentisch verwirklichen" sollen. In Wirklichkeit verbirgt sich dahinter eine extreme Arbeitsverdichtung, ist also eine besonders raffinierte (und heimtückische) Managementstrategie. Sie wirkt sich vor allem dann verheerend aus, wenn die Menschen über längere Zeit nicht merken, wie sich bei ihnen eine Arbeit ohne Grenzen durchsetzt. Dies tritt beispielsweise ein, wenn Restrukturierungsmaßnahmen zu Personalabbau führen, die Weiterbeschäftigten aber die Herausforderung annehmen, die Arbeit auch mit geringerer Unterstützung fortzuführen. Zu ähnlichen Folgen führen übrigens auch die Anstrengungen derjenigen, die sich jahrein, jahraus abstrampeln und nur eine unzureichende Anerkennung erfahren. Daraus entwickelt sich leicht ein Teufelskreis, den die Betroffenen gar nicht erkennen.

In den *International Statistical Classification of Diseases and Related Health Problems* aus dem Jahr 2022 wird ausdrücklich erklärt, dass dieser Erschöpfungszustand mit der beruflichen Tätigkeit im Zusammenhang steht und nicht als eine Folge von Abläufen in anderen Lebenszusammenhängen zu sehen ist. Allerdings ist nur schwer zu verstehen, warum dieses Syndrom nicht als Krankheit gilt, sondern nur in dem Kapitel abgehandelt wird, in dem es um „Faktoren [geht], die den Gesundheitszustand beeinflussen."[37]

Ob eine Krankheit oder nur ein Faktor, der eine Krankheit befördert: Die Beeinträchtigungen der Betroffenen sind eine direkte Folge von Leistungsdruck, auch dann, wenn man ihn sich selbst auferlegt hat. Gäbe es die aus der Konkurrenzgesellschaft resultierenden Drücke und Zwänge

---

36 Die Pionierin bei der Erforschung des Burnout-Syndroms, Christina Maslach, hatte ursprünglich diese Krankheit im Wesentlichen nur mit solchen Berufsgruppen in Verbindung gebracht, wovon sie aber später abgekommen ist. Thunman verweist in diesem Zusammenhang auf Maslach, Christina / Michael P. Leiter: *Die Wahrheit über Burnout am Arbeitsplatz und was Sie dagegen tun können,* Wien (Springer) 2001

37 *Burn-out an "occupational phenomenon": International Classification of Diseases.* In: *who.int.* The World Health Organization, 28. Mai 2019, abgerufen am 13. Mai 2023 (englisch).

nicht, käme es mit Sicherheit nicht zu der seit geraumer Zeit steigenden Zahl an Betroffenen.[38]

Was Konkurrenz für das Miteinander bedeutet

Nicht jede/jeder kann und nicht jede/jeder will als „Erfolgsmensch" in Erscheinung treten. Und dennoch fühlen sich auch diejenigen, denen es nicht auf ihr „Erscheinen" ankommt, häufig in hohem Maß entweder als „Gewinner" oder als „Verlierer".

> „Bilden Wachstum, Beschleunigung und Innovationsverdichtung die strukturellen ‚Dynamisierungsimperative' der modernen Gesellschaft, so werden sie handlungslogisch vermittelt über die wettbewerbsförmige Allokation nicht nur von Gütern und Ressourcen, sondern auch von Privilegien, Positionen, von Status und Anerkennung, von Freunden und LebenspartnerInnen etc. Die Wettbewerbslogik führt zu einer schrankenlosen Dynamisierung aller konkurrenzförmig organisierten Gesellschaftssphären. Stets gilt es, ein klein wenig mehr zu leisten und dafür mehr Energien zu investieren als der Konkurrent – der dann seinerseits wieder nachziehen muss. Diese Logik lässt sich überall beobachten: Insbesondere bei den Erziehungspraktiken, aber auch beim Umgang mit dem eigenen Körper. Was im Sport das Doping ist, bei dem früher oder später jede Leistungssportlerin angelangt [sic], die wettbewerbsfähig bleiben will, heißt in anderen Bereichen ‚human enhancement'. Die wettbewerbsförmig induzierte Steigerungsspirale ist unabschließbar."[39]

Oliver Nachtwey merkt zu Recht an, dass Schulen in Kooperation mit vielen Elternhäusern, vor allem mit sogenannten Helikopter-Eltern, „lauter kleine Narzissten, auf Wettbewerb getrimmt," hervorbringen[40]. Mit der Überbehütung von Kindern behindert man sie, so Nachtwey, in der Entwicklung von

---

38 Mehr zu diesem Komplex findet sich bei: Neckel, Sighard / Wagner, Greta (Hrsg.): *Leistung und Erschöpfung. Burnout in der Wettbewerbsgesellschaft.* Berlin (Suhrkamp) 2013

39 Rosa, Hartmut: *Resonanz statt Entfremdung. Zehn Thesen wider die Steigerungslogik der Moderne, Tagung des SFB 580 „Gesellschaftliche Entwicklungen nach dem Systemumbruch" und des Kollegs „Postwachstumsgesellschaften" am 14./15. Juni 2012 in Jena, S. 3 (These 5.)*

40 Eva Thöne: *Lauter kleine Narzissten, auf Wettbewerb getrimmt,* Interview mit Oliver Nachtwey, https://www.spiegel.de/kultur/gesellschaft/kapitalismuskritik-was-macht-die-angst-vorm-abstieg-mit-uns-a-1106577.html

Selbstwirksamkeit und von Selbstregulation. Solchen Eltern gehe es nicht in erster Linie um die Entwicklung eines starken Kindes (in der Definition von Pausewang[41]), sondern darum, dass ihre Kinder möglichst früh fit für den Wettbewerb gemacht werden und rasch die dafür notwendigen Kompetenzen erwerben, also auch diejenigen, die noch gar nicht auf dem Lehrplan stehen, aber bald von den Kindern verlangt werden. So soll ein Vorsprung vor den anderen Kindern, den Konkurrent:innen, erzielt werden. Werden Kinder auf diese Weise getrimmt, nehmen sie dieses Verhalten in vielen Fällen in das Erwachsenenleben mit und streben nach „Zusatzqualifikationen", die ihnen wiederum einen Vorteil im Konkurrenzkampf innerhalb des Betriebs (oder auch allgemein auf dem Arbeitsmarkt) verschaffen.

Es liegt im Interesse der Herrschenden, die Menschen schon frühzeitig so zu konditionieren, dass sie das Wettbewerbsdenken (in Verbindung mit einem ökonomisch ausgerichteten Leistungsdenken) früh verinnerlichen. Hier spielt das Bildungssystem eine entscheidende Rolle.

> „Wie sehr an deutschsprachigen Schulen das Anspruchsniveau zugenommen hat, ist an den Irritationen bemerkbar, die verbalisierte Zeugnisnoten auslösen, wenn man sie ernst nimmt: Eine 4 soll angeblich ausreichen, und eine 3 den Empfänger des Notenergebnisses (und seine Eltern) „befriedigen", d. h. zufriedenstellen. In Bayern benötigen Grundschüler in Klasse 4 einen Notenschnitt von 2,33, wenn sie ein Gymnasium besuchen sollen, und einen Schnitt von 2,66, wenn sie eine Realschule besuchen sollen. Ein Durchschnitt von 3,0 führt dort im Regelfall zu einer Anmeldung des Schulkindes auf der zuständigen Hauptschule.[42] In Marketing-Kreisen heißt es: ‚Gut sein [= Note 2] reicht nicht, wenn die Kunden Besseres erwarten'.[43]"[44]

Nicht die Menschen mitnehmen und ermuntern, sondern aussortieren ist also das Motto. Damit praktiziert ganz besonders die bayrische Schulpolitik das uneingeschränkte Gegenteil des Konzepts einer integrierten Gesamtschule. Dass auch die integrierten Gesamtschulen dem Leistungs-

41 Pausewang, Freya: *Macht mich stark für meine Zukunft! Wie Eltern und ErzieherInnen die Kinder in der frühen Kindheit stärken können.* München (oekom) 2012, S. 17

42 Schnitzler, Katja: *Burnout in der vierten Klasse. sueddeutsche.de.* 28. Januar 2013.

43 *FMVÖ-Recommender-Verleihung 2017: „Gut sein reicht nicht, wenn die Kunden Besseres erwarten".* APA-OTS Originaltext-Service GmbH. Wien 2017.

44 Hier zitiert nach: https://de.wikipedia.org/wiki/Konkurrenzgesellschaft, letzter Zugriff 4.5.2024

druck und dem Wettbewerbsdenken nicht umfassend entgegenwirken (können), ist im gesamtgesellschaftlichen Kontext nicht verwunderlich, aber sie mildern (soweit sie nach dem Rückdrehen der „Bildungsreform“ überhaupt noch existieren) doch ab und helfen jungen Menschen, andere Werte als die der Konkurrenzgesellschaft besser kennenzulernen, als dies im dreigliedringen Schulsystem normalerweise der Fall ist.

Hierarchien verändern die Menschen

Zahllose Experimente in der Verhaltensforschung belegen, was man aufgrund eigener Erfahrung selbst kennt oder doch zumindest erahnt: Die meisten Menschen ändern ihr Verhalten, wenn sie sich in einer anderen, gehobeneren Position finden. Robert Misk fasst ein Experiment zusammen, über das zuvor *Der Spiegel* berichtet hatte.

> „Der ‚Spiegel‘ berichtete unlängst über eine verhaltensökonomische Spielanordnung Folgendes: ‚Psychologen liessen Studententeams einen kleinen Aufsatz verfassen. Jeweils zwei der Teilnehmer schrieben, einer sollte die Leistung der anderen beiden bewerten. Nach 30 Minuten kam der Studienleiter hinein und brachte einen Teller mit Keksen. Vermeintlich zur Stärkung, tatsächlich aber als Teil des Experiments. Die Aufzeichnung zeigte: Die Leistungsbewerter, also quasi die Vorgesetzten in dieser Situation, griffen nicht nur rücksichtslos nach den letzten Keksen, sondern krümelten auch besonders ungeniert herum. 30 Minuten in einer zufällig zugeordneten Führungsrolle hatten ausgereicht, um ihren Wertekompass zu verändern.‘ [...] In einem anderen Experiment wurde getestet, ob Leute bereit sind, zu lügen und zu betrügen, um 50 Dollar zu gewinnen. Man hat diese Spielanordnung mit Leuten überprüft, die 100‘000 Dollar auf ihrem Bankkonto hatten, und mit Leuten, die dort nur 80 Dollar hatten. Man hätte davon ausgehen können, dass die zusätzlichen 50 Dollar für die Leute aus der 100‘000-Dollar-Klasse belanglos, für die aus der 80-Dollar-Klasse dagegen viel wichtiger wären. Tatsächlich aber waren die aus der 100 000-Dollar-Liga eher bereit, moralische Grenzen zu überschreiten, um an die zusätzliche Kohle zu kommen. Um genauer zu sein: Sie haben moralische Grenzen als solche gar nicht erkannt.“[45]

45 https://www.nzz.ch/feuilleton/der-erfolgsmensch-ld.742261, letzter Abruf: 20.1.2024

Vor allem an dem letzten Beispiel sehen wir, dass das „Haben-Wollen" – andere bezeichnen es als die Gier der Besitzenden – moralische Werte verschiebt und bei vielen Menschen den Charakter verändert. Allerdings wird mit der Kategorie „Erfolgsmensch" (Robert Misik) noch längst nicht das Gesamtspektrum der Auswirkungen der Konkurrenz auf die Psyche und den Charakter erfasst. Hinzu kommen vor allem die Entfremdung des Menschen, das Zurückdrängen oder auch das Abtöten des Altruismus und die Ohnmacht des Einzelnen, auf die Verhältnisse, die ihn umgeben, einzuwirken.

Aus der Erkenntnis des Systemcharakters der verallgemeinerten Warenproduktion leitet sich ab, dass eine gemischte Wirtschaft (also mit mehr staatlichen Betrieben) den Konkurrenzmechanismus nicht überwinden kann.[46] Solange nicht die Gesamtgesellschaft bestimmt, was und wie produziert wird, und solange nicht mindestens die wesentlichen Güter egalitär verteilt werden, bleiben Wettbewerb und Konkurrenzmechanismen bestimmende Faktoren der menschlichen Gemeinschaft. Und mit dem Fortbestehen der Warenwirtschaft werden auch periodisch Wirtschaftskrisen auftreten. In einer gemischten Wirtschaft wird in zugespitzten Wirtschafts- und Gesellschaftskrisen weiterhin die Gefahr von erneuten Privatisierungen bestehen, genauso wie die Aushöhlung oder auch Zerstörung der sozialen Sicherungssysteme. Auch die Umweltzerstörung oder die Kriegsgefahr können mit einer gemischten Wirtschaft nicht wirklich gebannt werden. Um den drohenden Kataklysmus eines durchgreifenden Klimawandels (der bei einem Anstieg der mittleren Temperatur von 2° C sicher ist) abzuwenden, muss ein ökosozialistischer Degrowth durchgesetzt werden, der aber nur mit einer umfassend demokratisch geplanten Wirtschaft zu realisieren ist.

Es braucht demzufolge einen Systemwandel, also die Überwindung des Kapitalverhältnisses und die Abkehr von der Warenwirtschaft. Doch wodurch zeichnet sich eine zukunftsweisende Wirtschafts- und Gesellschafts-

46 Mehr dazu im Detail unter: E. Mandel: *Zur Verteidigung der sozialistischen Planwirtschaft* in Oktober Texte-2. Dies ist Teil der Debatte mit Alec Nove. Sie begann mit diesem Beitrag von Mandel in *New Left Review* (NLR), Nr. 150, in dem er auf das Buch von Alec Nove: *The Economics of Feasible Socialism*, London (Allen & Unwin) 1985, einging. In NLR Nr. 161 antwortete Nove und darauf erwiderte Mandel in NLR Nr. 169. Die Übersetzung von Mandels Kritik erschien erstmals in Inprekorr Nr. 200 (Februar 1988) und Noves Antwort und Mandels Erwiderung in Inprekorr Nr. 209 (November 1988). https://inprekorr.de/200-plan.htm und https://inprekorr.de/209-plan-em.htm

ordnung aus? Und: Wie kommen wir dorthin? Anders ausgedrückt: Wenn der Einzelne wenig bis gar nichts an den Verhältnissen ändern kann: Wer kann dann etwas ändern? Und wie?

II. Kooperation statt Konkurrenz

Schon immer eine Konkurrenzgesellschaft?

Möglicherweise gab es im persönlichen Verhalten neben Gemeinschaftlichkeit und Altruismus von jeher – oder zumindest schon seit Tausenden von Jahren – auch Wettstreit oder Konkurrenz. Doch wie kam es zur Durchsetzung der umfassend und tiefgreifend wirkenden Konkurrenzgesellschaft, in der der Wettkampf und die Ellenbogenmentalität alles andere zerstört oder zumindest in den Hintergrund drängt?

Die kapitalistische Produktionsweise entwickelte sich seit dem 16. Jahrhundert und setzte sich im Verlauf der letzten 200 Jahre zunächst in Europa und später in allen anderen Teilen der Welt ohne nennenswerte Einschränkungen durch.[47]

Dies war aber – im Gegensatz zur Mär bürgerlicher Wirtschaftstheorie – nicht einfach nur eine Folge technischer Neuerungen, sondern basierte auf drei wesentlichen ökonomischen und gesellschaftspolitischen Grundlagen:

a) Die Ausdehnung der Waren- und Geldwirtschaft ermöglichte die Anhäufung von ausreichend Geld in den Händen der Kaufleute, Teilen des Handwerks sowie des Adels, sodass diese Mittel in Manufakturen gesteckt und damit in Kapital transformiert werden konnten.
b) Parallel dazu trug die Ausplünderung der Kolonien ganz wesentlich zur ursprünglichen Akkumulation des Kapitals bei.[48]
c) Häufig mit nackter Gewalt bemächtigten sich die Reichen zunehmend der Allmende, also der Dorfgemeinschaftsgüter, so geschehen beispielsweise mit der Einhegung (*enclosures*) der Gemeindeweiden, also der Enteignung der Gemeinden (in England vermehrt ab dem 15. Jahrhundert).

---

47 Karl Marx schreibt in *Das Kapital*: „Obgleich die ersten Anfänge kapitalistischer Produktion uns schon im 14. und 15. Jahrhundert in einigen Städten am Mittelmeer sporadisch entgegentreten, datiert die kapitalistische Ära erst vom 16. Jahrhundert. Dort, wo sie auftritt, ist die Aufhebung der Leibeigenschaft längst vollbracht und der Glanzpunkt des Mittelalters, der Bestand souveräner Städte, seit geraumer Zeit im Erbleichen." MEW 23: 743

48 Vgl. dazu: Karl Marx, *Das Kapital* Bd. I, Kapitel 24 (*Die sogenannte ursprüngliche Akkumulation)*, sowie Kapitel 4 (*Verwandlung von Geld in Kapital*) und auch: Mandel, Ernest: *Die Marxsche Theorie der ursprünglichen Akkumulation und die Industrialisierung der Dritten Welt*, in *Folgen einer Theorie. Essays über „Das Kapital" von Karl Marx*, mit Beiträgen verschiedener Autor:innen, Frankfurt (Suhrkamp) 1967

In diesem äußerst gewaltsamen Prozess wurden Allmende von den Reichen privatisiert, womit einem wesentlichen Teil des gesellschaftlichen Zusammenlebens der materielle Boden entzogen wurde. Gegenseitige Hilfe – Kooperation – wurde nicht nur schwerer umsetzbar. Sie sollte nach dem Willen der Mächtigen auch als Lebensweise verschwinden, denn nun – mit dem erstarkten Staat und der Ausdehnung der Warenwirtschaft – sollte jeder Mensch nur noch als isoliertes Individuum dem Staat und der Kapitalmacht gegenüberstehen. Dieses Leitprinzip hat Margaret Thatcher mit ihrem Diktum auf den Begriff gebracht, dass es so etwas wie Gesellschaft doch gar nicht gebe.[49]

Marx: „Alles ist zu haben für ‚bar Geld', das selbst als etwas äußerlich existierendes von dem Individuum is to be catched by fraud, violence etc. Es ist also alles aneigenbar durch alle, und es hängt vom Zufall ab, von dem Geld in seinem Besitz. Damit ist das Individuum an sich als Herr von allem gesetzt. Es gibt keine absoluten Werte, da dem Geld der Wert als solcher relativ." (*Grundrisse*, a. a. O. S. 723)

Vorangetrieben wurde diese Entwicklung durch die Proletarisierung der Bauern, also durch den Verlust ihrer Produktionsmittel und den Zwang zum Verlauf ihrer Ware Arbeitskraft. Marx führt in *Das Kapital* Bd. I aus:

> „Zur Verwandlung von Geld in Kapital muß der Geldbesitzer also den freien Arbeiter auf dem Warenmarkt vorfinden, frei in dem Doppelsinn, daß er als freie Person über seine Arbeitskraft als Ware verfügt, daß er andrerseits andre Waren nicht zu verkaufen hat, los und ledig, frei ist von allen zur Verwirklichung seiner Arbeitskraft nötigen Sachen. [...] Eins ist jedoch klar. Die Natur produziert nicht auf der einen Seite Geld- und Warenbesitzer und auf der andren bloße Besitzer der eigenen Arbeitskräfte. Dies Verhältnis ist kein naturgeschichtliches und ebensowenig ein gesellschaftliches, das allen Geschichtsperioden gemein wäre. Es ist offenbar selbst das Resultat einer vorhergegangenen historischen Entwicklung, das Produkt vieler ökonomischen Umwälzungen, des Untergangs einer ganzen Reihe älterer Formationen der gesellschaftlichen Produktion." (MEW 23: 183)

49 "...and so they are casting their problems on society and who is society? There is no such thing! There are individual men and women and there are families and no government can do anything except through people and people look to themselves first." Thatcher, Margaret. 1987. 'Interview for "Woman's Own" ("No Such Thing as Society").' in *Margaret Thatcher Foundation: Speeches, Interviews and Other Statements*: https://newlearningonline.com/new-learning/chapter-4/neoliberalism-more-recent-times/margaret-thatcher-theres-no-such-thing-as-society

Die ursprüngliche Akkumulation ist ohne die Trennung der Masse der Produzenten von den Produktionsmitteln nicht vorstellbar. Am Anfang dieser Entwicklung hatte das Kapital sogar nicht genug Lohnarbeiter. Dem musste also durch die Enteignungsprozesse (Einhegungen usw.) nachgeholfen werden.

Der Kapitalismus hat nicht nur enteignet und zur Lohnarbeit gezwungen. Er hat vor allem die natürliche (spontane) Einstellung zur gegenseitigen Hilfe untergraben. Peter Kropotkin hat die Jahrhunderte lange Existenz von gemeinschaftlicher Bewirtschaftung und der Organisierung gegenseitiger Hilfe in Notlagen in seinem gut dokumentierten diesbezüglichen Buch nachgewiesen.[50]

Kropotkin tritt der Vorstellung entgegen, in der Natur gebe es nur ein einziges ständiges Hauen und Stechen, so als wolle jedes Lebewesen andere Lebewesen – auch die der eigenen Art – vernichten. An unzähligen Beispielen erläutert er, dass die Tierwelt sich nur auf der Basis gegenseitiger Hilfe halten kann. Es gibt nur wenige Tierarten, die das nicht tun, aber nur deswegen, weil diese Arten ein isoliertes Leben führen. Kropotkin resümiert seine Untersuchungen zur Tierwelt folgendermaßen: „Wir sahen auch, daß zwar ein gut Teil Krieg zwischen verschiedenen Klassen oder verschiedenen Arten oder selbst verschiedenen Stämmen derselben Art herrscht, daß aber Friede und gegenseitiger Beistand innerhalb des Stammes oder der Art die Regel sind, und daß die Arten, die es am besten verstehen, sich zu vereinigen und die Konkurrenz zu vermeiden, die besten Aussichten haben, zu überleben und eine weitere fortschreitende Entwicklung zu nehmen. Sie gedeihen, während die ungeselligen Arten zugrunde gehen." (Kropotkin: 78) Sinngemäß ähnlich hat es Darwin an einer Stelle ausgedrückt, was aber von seinen vulgarisierenden Nachfolgern schlicht übergangen wurde: „Die geringe körperliche Kraft des Menschen, seine geringe Schnelligkeit, der Mangel natürlicher Waffen usw. werden mehr als ausgeglichen: erstens durch seine intellektuellen Kräfte, die ihn, noch im Zustande der Barbarei, in den Stand setzten, Waffen, Werkzeuge usw. zu formen; zweitens durch seine sozialen Eigenschaften, welche ihn dazu führten, seinen Mitmenschen zu helfen und Hilfe von ihnen zu empfangen."[51]

---

50 Peter Kropotkin: *Gegenseitige Hilfe in der Tier- und Menschenwelt,* neu herausgegeben von Karl-Maria Guth, Berlin (Hofenberg) 2018 (getreu der ersten Ausgabe auf Deutsch von 1908)

51 Darwin, Charles: *Die Abstammung des Menschen,* Stuttgart (Kröner) 1982, S. 77; die

Auch unter den Menschen – vor allem im sogenannten Naturzustand, also außerhalb des Staatswesens, aber nicht nur dort – ist die gegenseitige Hilfe viel stärker verbreitet als uns die Sozialdarwinisten glauben machen wollen. „Es ist nicht Liebe zu meinem Nachbarn – den ich vielleicht gar nicht kenne –, was mich treibt, den Wassereimer zu ergreifen und nach seinem brennenden Hause zu eilen; was mich treibt, ist ein viel weiteres, wenn auch unklares Gefühl es ist ein menschlicher Solidaritäts- und Sozialtrieb." (*Kropotkin*: 8)

Kropotkin bleibt nicht bei der Beschreibung dieses natürlichen Impulses stehen, sondern geht der Frage nach, wie sich dies im Zusammenleben der Menschen in verschiedenen Epochen niedergeschlagen hat. Er betrachtet die gegenseitige Hilfe bei den „Wilden" (Buschmänner, Hottentotten, Australier, Papuas, Eskimos, Aleuten) und kommt zu dem Ergebnis, dass die Lehre von Hobbes und Thomas Henry Huxley in der Menschheitsgeschichte keine Bestätigung findet.

Die Menschen haben über eine lange Zeit eine Gentil- oder Clangesellschaft entwickelt und erst sehr viel später kam es zur Herausbildung der Familie. „Das Auftreten einer abgesonderten Familie unter dem Clan stört notwendigerweise die feste Einheit." (*Kropotkin*: 111) Mit der Herausbildung der Familie innerhalb des Clans entwickelt sich die Anhäufung von Macht und Vermögen und die erbliche Übertragung von beidem.[52] Herrschaftslose Gesellschaften, Horden und Stämme bildeten die ursprüngliche Organisationsform der Menschen. Bis in die Neuzeit hinein (noch bis vor wenige Jahrzehnte) konnten Anthropologen das Teilen beobachten, also das Gegenteil dessen, was man uns als „natürlichen Besitztrieb" weißmachen will.

Besonders interessant sind die Beobachtungen, die Kropotkin zur Geschichte der Barbaren zusammengetragen hat, also in der Zeit nach dem Zerfall des römischen Reichs bis zum 7./8. Jahrhundert. Für diese Zeit – und mehr noch für das Mittelalter und die Neuzeit – fällt den bürgerlichen Historikern immer nur das auf, was zu Kriegen und Zerstörungen in der einen oder anderen Form festgehalten wurde (Kropotkin nennt es die „Vorliebe für die dramatischen Momente der Geschichte", S. 114). Was sich

englische Originalfassung im Internet: Darwin, Charles: *The Descent of Man*, am Ende von Kapitel 2, S. 64 *https://darwin-online.org.uk/converted/pdf/1889_Descent_F969.pdf*

52 Vergleiche hierzu auch: Engels, Friedrich: *Der Ursprung der Familie, des Privateigentums und des Staats*, MEW 21: 25 ff.

jedoch im tagtäglichen Zusammenleben entwickelte, bleibt in der bürgerlichen Geschichtsschreibung üblicherweise unbeachtet.

Kropotkin arbeitet die gegenseitige Hilfe und die Pflege des Gemeinguts heraus und erläutert dies an der Markgenossenschaft. Diese umfasste mehrere Dörfer oder Einzelhöfe mit einer gemeinsamen Wirtschafts- und Gerichtsordnung. Ihre Grundlage hatten sie im Gewohnheitsrecht der germanischen Völker. Die Satzungen dieser Genossenschaften wurden in Weistümern oder Markenrollen festgehalten. Über Jahrhunderte hinweg entwickelten die Menschen in ihrer Dorfmark Formen der gemeinsamen Nutzung von Weideland, Wald, Bächen, Flüssen, Steinbrüchen usw.

Diese „Genossenschaften", wenn man so will, nutzten bestimmte Güter gemeinsam, Land wurde im Rahmen des eigenständigen Gerichtswesens zugeteilt (bzw. auch zugelost), vor allem aber: Der gegenseitige Beistand war fest in der Gemeinschaft verankert. „Die frühesten barbarischen Rechtsbücher führen uns schon Gesellschaften vor, die aus friedlichen landwirtschaftlichen Gemeinschaften zusammengesetzt waren, nicht aus Horden, die miteinander im Krieg lagen." (*Kropotkin*: 147)

In dieser Zeit (zwischen Altertum und Hochmittelalter) hat sich die Institution der Dorfmark als funktionierende Einheit gegenseitiger Hilfe gehalten und soziale Einrichtungen entwickelt, die über Jahrhunderte fortlebten. Die Friedfertigkeit dieser Gemeinschaften war dann sogar – tragischerweise – die Grundlage für ihre spätere Unterwerfung unter militärische Häuptlinge. Jahrhunderte später wurden sie dem Joch der Feudalherren unterworfen.

Schon im Frühmittelalter und erst recht im Hochmittelalter erweist sich, dass nicht die politischen Fähigkeiten der Regenten, sondern die gegenseitige Hilfeleistung zu großen Ergebnissen führte. Im Hochmittelalter wurde die Gegenseitigkeit durch neue Formen der Vereinigung belebt; gleichzeitig ist belegt, dass der Feudalismus nicht zur Auflösung der Dorfmark führte. Zwei Grundrechte konnten die Gemeinden aufrechterhalten: Das Gemeineigentum an Grund und Boden und die eigene Gerichtsbarkeit.

Die Stadt des Mittelalters ist nicht einfach nur ein vergrößertes Dorf, sondern ein Ort der Selbstverwaltung in Abgrenzung zu den Feudalherren und basierend auf der Organisierung der Arbeit in Innungen. Die Freiheit der Städte wurde in jahrzehntelangen Kämpfen (zumeist im 11. und 12. Jahrhundert) gegen die Feudalherren errungen. Im Zusammenhang mit der Entwicklung der Städte bildeten sich Gilden und Zünfte. Auch sie waren Gemeinschaftswesen, die auf gegenseitiger Hilfe basierten. Damit existierte ein doppeltes Netzwerk: Gebietseinheiten (Dorfmarkgenossenschaften) und Gilden. In der Gilde konnte mit dem entsprechenden Statut die Feststellung der allgemeinen „brüderlichen" Gefühle gesichert werden. Die Gilde „entsprach einem festgewurzelten tiefen Bedürfnis der Menschennatur; und sie hatte all die Merkmale an sich, die späterhin der Staat sich für seine Bureaukratie und Polizei aneignete, und noch weit mehr. Sie war eine Vereinigung zu gegenseitigem Beistand in allen Lagen und Zufällen des Lebens durch Rat und Tat, und sie war eine Organisation zur Aufrechterhaltung des Rechtes – mit dem Unterschied im Vergleich zum Staat, daß in all diese Betätigungen ein humanes, brüderliches Element eingeführt war anstatt des formalen Elementes, das das Hauptmerkmal der Staatseinmischung ist." (*Kropotkin*: 166)

Diese Gemeinschaften waren zwar nicht kommunistisch, aber sie sicherten nicht nur die Produktion (auch mit gegenseitiger Hilfe), sondern sorgten auch für die Armen, sodass in normalen Zeiten niemand hungerte. So war das Grundprinzip in jeder Stadt „‚für die gemeine Notdurft und Gemach Armer und Reicher' zu sorgen".[53] Für die innere Organisation der Gilden oder sonstiger Zusammenschlüsse gab es keine Vorgaben oder Kontrollen von außen.

Interessant ist, dass die Städte ihre Freiheit mehrfach zurückerobern mussten und dass diese Entwicklungen sich praktisch in allen Teilen Europas parallel zueinander vollzogen. Dies setzte sich fort, als die Feudalherren in die Städte zogen und in Konfrontation mit den Gilden gerieten. So konnten die Städte zwar ihre Unabhängigkeit und das Doppelprinzip – eigene Gerichtsbarkeit und gegenseitiger Beistand – bewahren. Aber das Land wurde nicht einbezogen. In den Städten lebte nur eine Minderheit der Bevölkerung.

Die freien Städte bildeten den Ausgangspunkt für Bündnisse (etwa die Hanse), die zwischen dem 11. und 15. Jahrhundert versuchten, gegenseitige Hilfe in großem Umfang zu realisieren, um sich gegen die räuberische Politik der Feudalherren und ihrer Soldateska zu behaupten. Für vergleichbare Erfolge fehlten den Dorfmarken jedoch eine ausreichende Organisierung

53 W. Gramich, *Verfassungs- und Verwaltungsgeschichte der Stadt Würzburg im 13. bis zum 15. Jahrhundert,* Würzburg 1882, S. 34, hier zitiert nach *Kropotkin*: 171

und natürlich auch die notwendigen Befestigungsanlagen, um sich gegen die Räuberbanden zur Wehr setzen zu können. Da es an einer stabilen Beziehung zwischen Stadt und Land mangelte – das Prinzip der Gegenseitigkeit also nicht weit genug gefasst war –, blieben die Dorfmarken isoliert und wehrlos. Gegenseitige Hilfe kann aber nicht auf kleine Vereinigungen beschränkt bleiben, wenn sie dauerhaft wirksam bleiben soll.

Im Absolutismus endete das freie Leben der Städte mit der Stärkung des Staates. Er konfiszierte das Eigentum der Gilden, etablierte seine Bürokratie und hob – am Ende längerer Auseinandersetzungen – die Autonomie der Städte auf. Damit endete auch die Selbstorganisation der Gilden und der Stadtviertel.

Der Untergang der freien Städte in weiten Teilen Europas ab dem 15. Jahrhundert – basierend auf der gesteigerten Macht der Könige – führte zu einem dramatischen Niedergang der Möglichkeiten gegenseitiger Hilfe.

> „In den nächsten drei Jahrhunderten rotteten die Staaten systematisch alle Institutionen aus, in denen früher die Tendenz zu gegenseitiger Hilfe ihren Ausdruck gefunden hatte. Die Dorfgemeinden wurden ihrer Volksversammlung, ihrer Gerichtshöfe und unabhängigen Verwaltung beraubt; ihre Länder wurden konfisziert, die Gilden wurden ihrer Besitztümer und Freiheiten beraubt, und unter die Kontrolle, die Laune und die Bestechlichkeit der Staatsbureaukratie gebracht. Die Städte wurden ihrer Souveränität entkleidet, und die Quellen ihres inneren Lebens – die Volksversammlungen, die erwählten Richter, die erwählte Verwaltung, das souveräne Kirchspiel und die souveräne Gilde – wurden vernichtet; der Staatsbeamte nahm Besitz von jedem Glied dessen, was früher ein organisches Ganzes gewesen war. Unter dieser mörderischen Politik und den Kriegen, die sie erzeugte, wurden ganze Landstriche, die einst volkreich und wohlhabend gewesen, verödet; reiche Städte wurden unbedeutende Flecken, selbst die Straßen, die sie mit anderen Städten verbanden, wurden ungangbar. [...] Am Ende des 18. Jahrhunderts stimmten die Könige des Kontinents, das englische Parlament und der Revolutionskonvent in Frankreich, obwohl sie miteinander im Kriege lagen, darin überein, daß sie behaupteten, besondere Bünde unter den Bürgern dürften im Staate nicht existieren; Zuchthaus und Todesstrafe waren die einzig richtigen Strafen für Arbeiter, die es wagten, ‚Koalitionen' zu bilden. ‚Kein Staat im Staate!'." (*Kropotkin*: 209 f.)

Allein im Gefolge der Niederlage der Bauern im Bauernkrieg (16. Jahrhundert) und damit der breiten Volksbewegung gegen die Macht des Adels wurden nach zeitgenössischen Schätzungen 100 bis 150 000 Menschen erschlagen. Der 30jährige Krieg (17. Jahrhundert) war nicht weniger bestialisch und verwüstete große Teile Mitteleuropas. Am Ende dieser Entwicklung stand die länderübergreifende Einigkeit der aufstrebenden Bourgeoisie gegen die Forderungen der verarmten, proletarisierten Massen. Ihre Vollendung nahm diese Entwicklung mit der ökonomischen und (in der Folge) auch politischen Machtübernahme der Bourgeoisie. Die Markgenossenschaften hatten über 1000 Jahre lang existiert und konnten immer dann, wenn sie nicht durch Krieg und Erpressung zugrunde gerichtet wurden, ihre Kulturmethoden ständig verbessern, was schließlich die Grundlage für die Entwicklung des Handwerks in den Städten und die Bildung der Gilden war.

Mit der Neuzeit und spätestens mit dem aufstrebenden Bürgertum und der Entwicklung kapitalistischer Verhältnisse sind die Dorfgemeinschaften in fast allen Ländern Europas verschwunden, mit einer bedeutenden Ausnahme: In Russland konnte sich aufgrund der spezifischen gesellschaftlichen Verhältnisse der Mir mit seinem Gemeindeland bis ins 19. Jahrhundert halten. Marx schreibt in seinem Brief an Sassulitsch (die ihn gefragt hatte, ob die russische Dorfgemeinschaft – vergleichbar der Entwicklung in den anderen Ländern – zwangsläufig den Weg der Zersetzung gehen müsse):

> „Vom historischen Standpunkt aus gesehen ist das einzige ernsthafte Argument, das zugunsten der *unvermeidlichen Auflösung* der Gemeinde der russischen Bauern angeführt werden könnte, folgendes: Wenn man sehr weit zurückblickt, findet man überall in Westeuropa das Gemeineigentum eines mehr oder weniger archaischen Typus'; es ist mit dem gesellschaftlichen Fortschritt überall verschwunden. Warum sollte es demselben Schicksal allein in Rußland entgehen?
>
> Ich antworte: Weil in Rußland, dank eines einzigartigen Zusammentreffens von Umständen, die noch in nationalem Maßstab vorhandene Dorfgemeinde sich nach und nach von ihren primitiven Wesenszügen befreien und sich unmittelbar als Element der kollektiven Produktion in nationalem Maßstab entwickeln kann. Gerade auf Grund ihrer Gleichzeitigkeit mit der kapitalistischen Produktion kann sie sich deren positive Errun-

genschaften aneignen, ohne ihre furchtbaren Wechselfälle durchzumachen."[54]

Allerdings war diese Dorfgemeinschaft des Mir mit seiner Aufrechterhaltung des Gemeindelandes schon längst nicht mehr das, was in den archaischen Gemeinschaften als gemeinschaftliche Bewirtschaftung praktiziert wurde. Marx dazu in demselben Briefentwurf:

> „Schließlich wird das Ackerland, obwohl es Gemeineigentum bleibt, periodisch zwischen den Mitgliedern der Ackerbaugemeinde derart aufgeteilt, daß jeder Ackerbauer die ihm zugewiesenen Felder auf eigene Rechnung bewirtschaftet und sich deren Früchte individuell aneignet, während in den archaischeren Gemeinschaften gemeinsam produziert und nur das Produkt aufgeteilt wurde. Dieser primitive Typus der genossenschaftlichen oder kollektiven Produktion war wohlbemerkt das Ergebnis der Schwäche des einzelnen isolierten Individuums und nicht der Vergesellschaftung der Produktionsmittel." (MEW 19: 388)

Die Aufhebung der Leibeigenschaft (1861) war mit einer Verwaltungsreform verbunden; nun konnte der Mir seine Verwaltung organisieren und haftete kollektiv für die dem Staat zu erbringenden Steuern. Diesem (für sich genommenen positiven) Schritt stand aber entgegen, dass nun die Bauern Land erwerben konnten und sollten. (Die Bauern mussten allerdings ihr Land vom Gutsbesitzer kaufen. 20 bis 25 % der Summe bezahlten sie selbst, den Rest bezahlte den Staat.) Damit verlor das Gemeindeland allmählich seine Bedeutung. Unter dem Strich konnte somit in Russland eine emanzipative Bewegung noch in der zweiten Hälfte des 19. Jahrhunderts an dem Gemeinsamen des Mir anknüpfen (noch existierte das Gemeindeland und vor allem die Erfahrung damit), doch das Zeitfenster für eine Verbindung mit antikapitalistischen Bestrebungen war nur sehr kurz. Denn das Abzahlen der Kredite (diese sollten über 49 Jahre laufen) gelang sehr unterschiedlich und verschärfte die soziale Differenzierung im Dorf. Neben den weiterhin mächtigen Großgrundbesitzern, die wohlgemerkt nicht enteignet wurden, entstand eine nennenswerte Kulakenschicht.

Ende des zwanzigsten Jahrhunderts bildeten sich in anderen Regionen der Welt (vor einem ganz anderen historischen Hintergrund) neue dörfli-

---

54 Marx, Karl: *Brief an V. I. Sassulitsch. Erster Entwurf*, MEW 19: 384 f.

che Gemeinschaften, von denen vor allem die in Chiapas und Rojava zu nennen sind.

Die Zapatistas haben für Chiapas (Mexiko) eine mehr oder weniger anerkannte Autonomie und in den meisten Bereichen eine faktische Selbstverwaltung durchgesetzt. Dort ist das Eigentum großenteils kollektiv und die Verteilung der landwirtschaftlichen Erträge wird weitgehend kollektiv organisiert und ist damit Ausdruck egalitärer Bestrebungen. Basisdemokratie ist das entscheidende Organisationsprinzip, verbunden mit einem komplizierten System der politischen Entscheidungsfindung auf der überörtlichen Ebene. Wichtig und bereits umgesetzt sind Diversität (Vielfältigkeit ohne Benachteiligung), Gendergerechtigkeit und Umweltschutz. Außerdem haben die Zapatistas ein eigenes effizientes Bildungs-, Gesundheits- und Versorgungssystem aufgebaut. Beispielhaft ist ihre transnationale Vernetzung, sichtbar in internationalen Treffen von Frauen, Wissenschaftler:innen, Künstler:innen usw. in Chiapas. Weltweit haben die Zapatistas eine große Anhänger:innenschaft. Aber – wie könnte es anders sein – dieser gesellschaftliche Emanzipationsprozess steht unter großem Druck. Die Zentralregierung hat wiederholt die Armee zur Repression der Bewegung nach Chiapas geschickt. Schließlich soll Chiapas ja nicht die Menschen in anderen Regionen des Landes anstecken.[55]

Für die kurdische Region Rojava in Nordsyrien hat Abdullah Öcalan das Konzept des demokratischen Konföderalismus entwickelt. „Demokratischer Konföderalismus ist offen gegenüber anderen politischen Gruppen und Fraktionen. Er ist flexibel, multikulturell, antimonopolistisch und konsensorientiert. Ökologie und Feminismus sind zentrale Pfeiler. Im Rahmen dieser Art von Selbstverwaltung wird ein alternatives Wirtschaftssystem erforderlich, das die Ressourcen der Gesellschaft vermehrt, anstatt sie auszubeuten, und so den mannigfaltigen Bedürfnissen der Gesellschaft gerecht wird. (...) Der Demokratische Konföderalismus in Kurdistan ist gleichzeitig eine anti-nationalistische Bewegung. Sie beabsichtigt die Verwirklichung des Selbstbestimmungsrechts der Völker durch die Ausweitung der Demokratie in allen Teilen Kurdistans, ohne die bestehen-

55 Für mehr Details siehe die diversen Beiträge zu Mexiko und speziell zu Chiapas, die die Lateinamerikaspezialistin Raina Zimmering geschrieben hat, so z. B. *„Von unten und von links" Die Zapatistas – Konstrukteure einer alternativen Gesellschaft?* In: Standpunkte 4/2006, herausgegeben von der Rosa-Luxemburg-Stiftung, https://rlp.rosalux.de/fileadmin/rls_uploads/pdfs/Standpunkte0604.pdf

den politischen Grenzen infrage zu stellen. Ihr Ziel ist keineswegs die Gründung eines kurdischen Nationalstaates" schreibt Öcalan 2012 in „Demokratischer Konföderalismus".[56]

Die kurdische Bevölkerung lebt seit 1991 in einer faktischen Autonomie in Nordost-Syrien, aber erst seit 2012 wurde dort ein anderes politisches und soziales System aufgebaut. Das Konzept zielt auf die Bildung einer nichtstaatlichen demokratisch-ökologischen Gesellschaft in Kurdistan. Der Staat und überhaupt alle Hierarchien sollen abgeschafft werden. Selbstverwaltung, basierend auf einer kommunalistischen Ordnung, ist das Ziel und wird praktiziert, wenn die äußeren Umstände es erlauben. Denn:

Auch dieses Projekt unterliegt der Repression, und zwar noch brutaler als das der Zapatisten in Chiapas. Die türkische Armee bombardiert regelmäßig Verwaltungsgebäude, Krankenhäuser und andere Einrichtungen und hat im Oktober 2023 fast die gesamte Infrastruktur der autonomen Selbstverwaltung in Nordost-Syrien zerstört. Mit der Besetzung eines Teils der Region durch die türkische Armee und mit den ständigen Bombardements versucht die türkische Regierung, dieses emanzipative Projekt vorrangig durch Ausdünnung der Bevölkerung zu zerstören.[57]

Aus den Erfahrungen mit der brutalen Repression ergibt sich, dass im globalisierten Kapitalismus Menschen immer wieder neu sich der zerstörerischen Macht der imperialistischen Weltordnung entgegenstellen. Aber diesen Projekten an der „Peripherie" des kapitalistischen Systems wird ein Überleben extrem schwer gemacht, solange im „Herzen der Bestie" sich die Verhältnisse nicht von Grund auf geändert haben.

Kooperativ für welche Ziele?

Eine kooperative Lebensweise der Gesamtgesellschaft ist ohne Umwälzung der wirtschaftlichen Verhältnisse nicht realisierbar. Zwar ist es möglich, innerhalb des kapitalistischen Systems in bestimmten Nischen ein genossenschaftliches Leben zu führen, aber insgesamt bleibt dies eine Randerscheinung und ist nicht in der Lage, gegen die Macht der Herr-

56 Öcalan, Abdullah: *Demokratischer Konföderalismus.* 2012 (International Initiative Edition)

57 Mehr Details unter: *In Rojava tobt der permanente Krieg der Türkei,* https://jacobin.de/artikel/rojava-permanenter-krieg-tuerkei-nord-ost-syrien-kurdische-autonomie

schenden – v.a. des Großkapitals – die wesentlichen Achsen der politischen Ökonomie neu zu bestimmen.[58]

Bevor wir uns der Frage zuwenden, wie die Menschen gegen den Widerstand der beharrenden Kräfte eine kooperative Lebensweise durchsetzen können, wollen wir in der gebotenen Kürze umreißen, was denn die wesentlichen Kennzeichen einer rationalen und humanen Gesellschaftsordnung sind:

Erstens: Human, ohne Ausbeutung und Unterdrückung kann eine Gesellschaft nur sein, wenn es keine nennenswerten sozialen Unterschiede gibt – und damit auch kein Erbrecht. Es versteht sich, dass dies nur mit einer Umwälzung der Produktionsverhältnisse möglich ist.

Zweitens: Die zentrale Voraussetzung für ein kooperatives Zusammenleben ist die soziale Sicherheit aller Menschen. Niemand darf Angst haben müssen, seine/ihre grundlegenden Bedürfnisse nicht befriedigen zu können oder ausgegrenzt zu werden. Um gleichberechtigt am gesellschaftlichen Leben teilhaben zu können, muss ausnahmslos für alle gesichert sein: gesunde Ernährung und sauberes Wasser, Kleidung, Wohnung, medizinische Versorgung, Bildung, Kommunikationsmöglichkeiten nach dem Stand der Technik und Mobilität (ohne deswegen daraus das Recht auf Fliegen oder Kreuzfahrten ableiten zu können; solche Dinge müssen schon aus Gründen des Klimaschutzes und des erforderlichen Degrowth streng rationiert werden).

Drittens: Möglich sein wird dies nur, wenn mit dem Produktivismus – und weitgehend auch mit dem Extraktivismus – gebrochen wird. Eine Voraussetzung dafür ist die Verhinderung geplanter Obsoleszenz und die Umstellung der Produkte auf lange Lebensdauer und Nachhaltigkeit (Recyclingfähigkeit).

Viertens: Gleichzeitig müssen Wirtschaft und Lebensweise so umgestellt werden, dass eine deutliche Reduzierung der materiellen Produktion, des

58 Damit soll keine Absage an den Aufbau und das Betreiben von Genossenschaften getroffen werden. Zu den Möglichkeiten und Grenzen verweisen wir auf den von Tino Pfaff herausgegebenen einschlägigen Sammelband: Pfaff, Tino (Hrsg.): *Vergesellschaftung und die sozialökologische Frage. Wie wir unsere Gesellschaft gerechter, zukunftsfähiger und resilienter machen können*, München (Oekom) Juni 2024

Energieverbrauchs und der Transporte erreicht wird. Dies wird es im Weltmaßstab umzusetzen gelten, ohne dabei den Armen, vor allem im Globalen Süden, zusätzliche Opfer aufzuerlegen. Im Gegenteil: Sie müssen im aktiven Kampf für ein ökosozialistisches Degrowth beteiligt sein, was nur möglich ist, wenn mit einem solchen Umbau die soziale Sicherheit ausgeweitet und die Commons massiv entwickelt werden.

Eine Veränderung der Bedürfnisstruktur ist nur in diesem Rahmen vorstellbar und nur auf dieser Grundlage kann den Herausforderungen der ökologischen Krise und vor allem des Klimawandels begegnet werden. Die Menschen sind nicht „von Natur aus“ auf einen ständig steigenden Konsum materieller Güter programmiert. Naturgegeben sind andere Dinge, an denen eine rationale und human strukturierte Gesellschaftsordnung anknüpfen muss, wenn die Zukunft der Menschheit gesichert werden soll. Erich Fromm schreibt über das Sein im Unterschied zum Haben:

> „Entscheidend für jede Gesellschaft ist die *Art* von Einheitserlebnis und Solidarität, die sie fördert bzw. unter den gegebenen Bedingungen ihrer sozio-ökonomischen Struktur fördern *kann*. Diese Überlegungen lassen den Schluss zu, daß beide Tendenzen im Menschen vorhanden sind: die eine, zu *haben*, zu besitzen, eine Kraft, die letztlich ihre Stärke dem biologisch gegebenen Wunsch nach Überleben verdankt; die andere, zu *sein*, die Bereitschaft, zu teilen, zu geben und zu opfern, die ihre Stärke den spezifischen Bedingungen der menschlichen Existenz verdankt, speziell in dem eingeborenen Bedürfnis, durch Einssein mit anderen die eigene Isolierung zu überwinden. Aus der Existenz dieser beiden gegensätzlichen Anlagen in jedem Menschen ergibt sich, daß die Gesellschaftsstruktur und deren Werte und Normen darüber entscheiden, welche von beiden Möglichkeiten dominant wird. Gesellschaften, die das Besitzstreben und damit die Existenzweise des Habens begünstigen, wurzeln in dem einen menschlichen Potential; Gesellschaften, die das Sein und Teilen fördern, wurzeln in dem anderen. Wir müssen uns entscheiden, welches dieser beiden Potentiale wir kultivieren wollen, uns dabei aber bewußt sein, daß unsere Entscheidung weitgehend von der sozio-ökonomischen Struktur der jeweiligen Gesellschaft abhängt, die uns die eine oder die andere Lösung bevorzugen läßt.“ (Hervorhebungen im Original)[59]

---

59 Fromm, Erich: *Haben oder Sein. Die seelischen Grundlagen einer neuen Gesellschaft,*

Eine in diese Richtung geänderte Gesellschaftsordnung wird nicht alle sonstigen Unterdrückungen oder Probleme quasi automatisch mit aus dem Weg räumen, aber dafür den Weg ebnen, etwa bei

- der Genderungerechtigkeit: Die Benachteiligung der Frauen oder der LGBTIQ wird auch dann aktiv bekämpft werden müssen und wird sich nicht von selbst aufgelöst haben;
- der bürgerlichen Kleinfamilie: Welche Formen „familiären" Zusammenlebens (etwa in Mehrgenerationenhäusern) sich durchsetzen werden, wissen wir nicht; auch wissen wir nicht, wie sich die Sexualität entwickeln wird, aber für offenere, freiere Formen des Zusammenlebens werden sich Türen öffnen; mit Sicherheit wird die Kleinfamilie an Bedeutung verlieren und das Gemeinschaftsleben wird vielfältigere Formen annehmen können;
- der Trennung zwischen privatem und öffentlichem Leben, vor allem bei den sozialen Dienstleistungen: In vielen Bereichen wird es eine Vergemeinschaftung geben müssen, aber gleichzeitig wird es auch die Privatsphäre zu schützen gelten; in mancherlei Beziehung wird sie überhaupt erst durchzusetzen sein (den gläsernen Menschen, wie er heute in weiten Bereichen existiert, wird es nicht mehr geben dürfen);
- der Trennung von Kunst und Alltagsleben: Die Förderung der Kreativität wird ganz oben auf der Tagesordnung stehen können; mehr Kreativität zu entfalten wird nur möglich sein, wenn die Arbeit nicht mehr entfremdet ist, wenn also die Menschen gemeinsam entscheiden, was, in welchem Umfang und auf welche Weise produziert oder als Dienstleistung erbracht wird.[60]

In einer auf diese Weise aufgebauten Gesellschaftsordnung wird es u. E. mit großer Sicherheit möglich sein, nicht nur den Nationalismus, sondern auch den Rassismus zu überwinden.

München (DTV) 1979 (1976 DVA), S. 104 f.

60 Mehr zur Vision einer Gesellschaftsordnung nach der Überwindung des Kapitalismus in *Schäfer* 2023

Konvivialität

In dem Bestreben, die Nachteile der bestehenden Gesellschaftsordnung zu überwinden, werden seit Jahrzehnten diverse Modelle diskutiert, wozu nicht zuletzt die Vorstellung der Konvivialität gehört. „Konvivenz" (Zusammenleben) bezeichnete im mittelalterlichen Spanien die friedliche Koexistenz von Juden, Christen und Muslimen. Im 20. Jahrhundert griff der Reformpädagoge Paolo Freires den Begriff in seiner *Pädagogik der Unterdrückten* auf, was anschließend Eingang in die Befreiungstheologie Lateinamerikas fand, allerdings im Wesentlichen als eine Idee der Lebens- und Hilfsgemeinschaft in armen Bevölkerungsschichten. Für die Verbreitung dieses Konzepts im Globalen Norden sorgte Ivan Illich, der dies allerdings nicht im Detail entwickelte. Am ausführlichsten erläuterte er es in seinem Buch „Selbstbegrenzung".[61]

Nach Illich soll die Gesellschaft allen ihren Mitgliedern einen gerechten Zugang zu Wissen und die Möglichkeit geistiger Begegnung bieten. Er macht sich für das „Konzept eines *multi-dimensionalen Gleichgewichts* des menschlichen Lebens" stark (Illich: 11, alle Hervorhebungen jeweils im Original) und propagiert deswegen „eine auf postindustrielles Gleichgewicht begründete Produktionsweise". (S. 9) Das Wissen jedes Einzelnen soll vermehrt und seine Kreativität bestätigt werden. Illich argumentiert gegen den ständig steigenden Konsum. Das Gute definiert er als die Fähigkeit eines jeden, das Bild seiner eigenen Zukunft zu entwerfen. „Die *Gerechtigkeit* der Verteilung der industriellen Produkte ist die notwendige, aber nicht zureichende Bedingung einer konvivialen Arbeit." (*Illich*: 37) Die Menschen müssen wieder die Kontrolle über den Informations- und Energieeinsatz gewinnen.

Verantwortlich für die Fehlentwicklungen seit über hundert Jahren ist Illich zufolge die Degradierung des Menschen „zum Anhängsel der Mega-Maschine, zum Rädchen im Getriebe der Bürokratie." (S. 13) Demnach liegt die Ursache in der Umkehrung des Verhältnisses Mensch – Werkzeug. Wir sind von den Werkzeugen abhängig geworden, sei es von der Schulmedizin, dem Bildungssystem (einschließlich der Schulpflicht), dem Verkehrssystem, dem Städtebau usw., vor allem aber von der Industrie, bei der die „Versklavung des Menschen durch die Maschine" (S. 14) am deut-

---

61 Illich, Ivan, *Tools for Conviviality*, New York (Harper and Row) 1973, auf Deutsch: *Selbstbegrenzung. Eine politische Kritik der Technik*, Reinbek bei Hamburg (Rowohlt) 1975

lichsten sichtbar ist. „Konvivial oder lebensgerecht ist eine Gesellschaft, in der der Mensch das Werkzeug durch politische Prozesse kontrolliert." (S. 14) Die Frage ist, wie diese Kontrolle aussehen könnte.

Illich gibt keine Strategie und auch kein politisches Programm an, sondern setzt sich für eine Umorientierung der Werteordnung ein:

> „Unter *Konvivialität* verstehe ich das Gegenteil der industriellen Produktivität. Wir alle definieren uns im Verhältnis zu anderen und zur Umwelt durch die Grundstruktur der Werkzeuge, die wir verwenden. Diese Werkzeuge können wir über ein Kontinuum verteilen, an dessen einem Extrem das beherrschende Werkzeug, an dessen anderem Extrem das konviviale Werkzeug steht. Der Übergang von der Produktivität zur Konvivialität ist der Übergang von der Reproduktion des Mangels zur Spontaneität der Gabe. [...] Die – stets neue – konviviale Beziehung ist das Werk von Personen, die an der Erschaffung des sozialen Lebens beteiligt sind. Von der Produktivität zur Konvivialität übergehen heißt, einen ethischen Wert an die Stelle eines technischen Wertes, einen realisierten Wert an die Stelle eines materialisierten Wertes setzen." (*Illich*: 32)

Illich beklagt die Uniformität der heutigen Daseins- und Verkehrsformen und macht sich für eine Vielfalt der Lebensformen stark. Jeder soll sich frei entfalten können, ohne aber dabei andere in ihrer Lebensäußerung zu beschränken. Autonome und kreative Tätigkeiten sollen mit „Werkzeugen" (bei Illich immer im weitesten Sinne zu verstehen) ausgeübt werden, die durch andere weniger kontrollierbar sind. „Produktivität wird mit ‚haben', Konvivialität mit ‚sein' konjugiert." (S. 50) „Das Werkzeug ist *konvivial* in dem Maß, als jeder es ohne Schwierigkeit benutzen kann, so oft oder so selten er will, und zwar zu Zwecken, die er selbst bestimmt." (S. 53)

Illich sieht fünf Gefahren, die der Menschheit durch die fortgeschrittene Entwicklung drohen:

„1. Das übersteigerte Wachstum bedroht das Recht des Menschen auf Verwurzelung in der *Umwelt, mit* der zusammen er entstanden ist.
2. Die Industrialisierung bedroht das Recht des Menschen auf *Autonomie* des Handelns.
3. Die Überprogrammierung des Menschen im Hinblick auf seine neue Umwelt bedroht seine *Kreativität.*
4. Die zunehmende globale Verbündelung aller Produktionsprozesse bedroht sein Recht auf Mitsprache, das heißt auf *Politik.*

5. Die Verstärkung von Verschleißmechanismen bedroht das Recht des Menschen auf seine Tradition, seinen *Rückgriff auf das Vorhergegangene* durch Sprache, Mythos und Ritual." (S. 88)

Nach seiner Ansicht ist der Gang in den „techno-bürokratischen Faschismus" (S. 176) am besten durch eine Begrenzung des Wachstums der Apparate zu verhindern. Dafür brauche es eine neue Art des *contrat social*, einen neuen Typ von Sozialverträgen, „damit eine wachsende Zahl von Menschen *immer mehr mit immer weniger machen* können." (S. 176)

Leider hört die Konkretisierung hier auf. Illich träumt (hier im positiven Sinn) von einer neuen Art des menschlichen Zusammenlebens, basierend auf den menschlichen Werten des Miteinanders und der Schonung der Umwelt. Doch er vermeidet sorgsam, auf die unterschiedlichen Interessenlagen der Gesellschaftsklassen einzugehen. So macht er keine Angaben dazu, wer seiner Ansicht nach systembedingt ein Interesse an dem ständigen Wachstum der materiellen Produktion und der Übernutzung und Zerstörung der natürlichen Lebensgrundlagen hat. Ja nicht mal die Ausbeutung des Menschen durch den Menschen ist für ihn ein Thema. Nur sehr oberflächlich streift er die Macht des Kapitals (S. 102 f). Somit kann er auch kein Konzept für eine andere Gesellschaft entwerfen, erst recht nicht für den Weg, um diese durchzusetzen.

So bleibt von seinem Konzept der Konvivialität nur die sympathische Idee einer wertebasierten Gemeinsamkeit, die auf Autonomie des Handelns und des Seins orientiert statt auf die des Habens. Für die Erarbeitung eines Konzepts zur Überwindung der Konkurrenzgesellschaft reicht das allerdings in keiner Weise. So ist es im Grunde mehr als erstaunlich, dass dieser Begriff anhaltend eine so hohe Verbreitung und positive Resonanz gefunden hat und immer noch findet. Ihn zu füllen wird nur gelingen, wenn ihm eine korrekte Analyse der bestehenden Verhältnisse zugrunde gelegt wird, also die Diagnose (d. h. Systembeschreibung) der auf Konkurrenz basierenden Produktionsverhältnisse. Erst daraus ableitend lässt sich darlegen, was man der zerstörerischen kapitalistischen Produktionsweise entgegenstellen kann oder muss.

Auch das Manifest der vierzig französischen Autor:innen „Les Convivialistes"[62] leistet das nicht. Auch sie plädieren für eine neue „Kunst des Zu-

62 *Konvivialismus: ein Manifest (Kurzfassung), Erklärung der Interdependenz:* https://

sammenlebens“, wobei sie nach eigenen Worten einen „Balance-Akt zwischen Selbstbehauptung und -verwirklichung sowie Individualität und der Einbindung in Gemeinschaften und Gesellschaften“ vollführen. Auch sie leisten nicht mal im Ansatz eine Gesellschaftsanalyse, sondern reagieren auf das Unwohlsein (das die Autoren den Folgen der Globalisierung zuschreiben) mit der verträumten Idee, die bestehende Gesellschaftsordnung mit mehr Humanismus füllen zu können, ohne an den Grundfesten ihrer Funktionsweise zu rütteln. So wollen die Autor:innen es den Menschen ermöglichen, sowohl zu rivalisieren als auch zu kooperieren. Von einer Überwindung der Konkurrenz als einem wesentlichen Leitprinzip der bestehenden zerstörerischen Wirtschafts- und Gesellschaftsordnung ist überhaupt keine Rede. Die ökonomischen Überlegungen beschränken sich auf den Kampf gegen die spekulativen Auswüchse der Finanzwirtschaft sowie die Finanz- und Rohstoffmärkte, die man streng regulieren müsse.

Bedeutend konkreter ist da der Beitrag *Konvivialität und Commons. Solidarische Bau- und Wohnweisen am Beispiel des Wiener Architekturprojekts* von Josef Mühlbauer[63]. Der Autor lässt sich von der Frage leiten, ob denn in Zeiten der Krise und in Zeiten der Mietspekulation „Wohnen ein Marktprodukt oder eine öffentliche Aufgabe ist bzw. sein sollte.“ (S. 451) Für ihn ist klar, dass Wohnen ein Grundrecht darstellt. Am Beispiel des *vivihouse* von der *Initiative for Convivial Practices* an der Technischen Universität Wien erläutert er, wie das Konzept der Konvivialität von Ivan Illich umgesetzt werden kann: lebensgerecht und solidarisch zusammenlebend. Die zweite Ebene des Projekts ist die des „Commoning“ (bzw. der „Commons“), also die Pflege der Ressourcen (auch Dienstleistungen und Wissen), „welche aus selbstorganisierten und demokratischen Prozessen des gemeinschaftlichen und vor allem des bedürfnisorientierten Herstellens, Verwaltens, Pflegens und Nutzens entstammen.“ (S. 454). *Vivihouse* will es möglich machen, dass „Partizipation und Selbstorganisation unsere gebaute Umwelt im Selbstbau“ gestalten kann. (ibid.) Die Autor:innen der

convivialisme.org/worldwide/de/; eine Zusammenfassung und auch kurze Bewertung findet sich hier: *Les Convivialistes – Das konvivialistische Manifest: Für eine neue Kunst des Zusammenlebens*: https://www.attac.de/blog/detailansicht/news/les-convivialistes-8211-das-konvivialistische-manifest-fuer-eine-neue-kunst-des-zusammenlebens

63 Der Beitrag von Josef Mühlbauer ist enthalten in dem von Tino Pfaff herausgegebenen Sammelband (a.a.O.)

Studie und Initiator:innen des Projekts veröffentlichen ihre wissenschaftlichen Erkenntnisse im Format des Open Source. Damit wollen sie es ermöglichen, dass so viele Menschen wie möglich sich selbst durch dieses Wissen ermächtigen. Das fängt an bei der stringenten Beachtung einer ökologischen Abfallhierarchie (unter Anwendung der 3R-Regel: *reuse, reduce, recycle*) über das Verschieben von Wänden (je nach Lebenssituation) bis zur Umsetzung eines hierarchiearmen Bauprozesses. Wenn das gemeinsame Bauen (in Wohnblöcken und Mehrgenerationenhäusern) realisiert wird, entstehen lebendige Nachbarschaften. Es ist also nicht nur ein ökologisches Projekt, sondern hat mit dem Teilen, dem gemeinsamen Nutzen der Werkzeuge (im weitesten Sinn), eine soziale Dimension.

„Durch das Commonsprinzip stellt sich vivihouse gegen die Ausbreitung und Etablierung kapitalistischer Wertschöpfungslogiken, die im Eigentumsprinzip historisch verankert sind. Im Sinne einer sozial gerechten Transformation können solche Nischenprojekte ein wichtiges Fundament für größere Projekte und sogar gesamtgesellschaftliche Veränderungen darstellen." (S. 458) Angesichts der Macht der Wohnungskonzerne und der Interessen des Wettbewerbsstaats ist es allerdings fraglich, wie solche Projekte, so anregend sie für die Bewusstseinsbildung der darüber direkt Erreichbaren ohne Zweifel sind, mehr als nur Nischenprodukte werden können.

Der Entwicklung eines politikfähigen Konzepts für ein anderes Zusammenleben auf gesellschaftlicher Ebene kommt das *buen vivir* ein ganzes Stück näher.

Buen vivir

Die kapitalistische Produktionsweise durchdringt alle Lebensbereiche und hat mit dem Übergang zum 20. Jahrhundert nahezu ausnahmslos jeden Winkel der Welt durchdrungen. So erscheint sie heute vielen als die einzig denkbare Existenzweise der Menschen. Doch vor allem der Produktivismus und die Ausbeutung von Mensch und Natur erfahren in verschiedenen Teilen der Welt zum Teil spontanen, zum Teil auch strategisch begründeten Widerstand.

Einen gewissen Ausdruck findet dies sogar in der Politik eines Staates, nämlich in Bhutan. Die Regierung definiert mit dem Bruttonationalglück

(BNG) den Lebensstandard in humanistischer und psychologischer Weise, um dem quantitativen Begriff des BIP ein ganzheitliches Konzept gegenüberzustellen. In Bhutan geht dieses Konzept auf eine lange Tradition (seit dem 18. Jahrhundert) zurück, aber die Wirkung des 1998 durch die Regierung offiziell definierten Konzepts ist aufgrund der weiter bestehenden Einbindung in den Weltmarkt und der fehlenden sozialen Umwälzung sehr begrenzt. In erster Linie wirkt dieses Konzept durch den spezifischen Umgang der Regierung mit der Armut des Landes und seiner Bevölkerung, indem man die Bedeutung materiellen Reichtums relativiert (was für sich genommen selbstverständlich nicht schlecht ist). Aber es ist keine Abkehr von der Warenproduktion und auch keine Abkehr von einer ungleichen Verteilung des Reichtums. (Zwölf Prozent leben unter der Armutsgrenze; vor allem das regionale Gefälle ist groß, und zwar abhängig von den Wasserkraftprojekten und der Verteilung der Entwicklungshilfegelder). So bewirkt diese Politik nur eine existentiell schwache und politisch oberflächliche Milderung der kapitalistischen Existenzweise.

Etwas komplexer stellt sich das Konzept *buen vivir* (gutes Leben) dar, das seit den 2000er Jahren von indigenen Völkern der Andenregion vertreten wird. Diese Lebensphilosophie ist zwar kein traditionelles Konzept, greift aber überlieferte Wertevorstellungen dieser Völker auf und versucht, der kapitalistischen Globalisierung und Ausbeutung von Mensch und Natur eine Alternative entgegenzusetzen. *Buen vivir* ist in erster Linie ein Vorhaben zur Verteidigung der politischen und kulturellen Selbstbestimmung der indigenen Völker (und ist damit ein Gegenkonzept zur kulturellen Integration dieser Völker).

In diesem Zusammenhang spielt der Begriff Pachamama (Mutter Erde, Mutter Welt, Mutter Kosmos) aus der Quechua-Sprache eine große Rolle. Er wird heute mit sozialem Widerstand, indigener Identität und Hoffnung auf ein umfassenderes Leben verbunden. Zunächst ist *buen vivir* ein „leerer Begriff", der anfangs nur auf eine anzustrebende Harmonie zwischen Mensch, Gesellschaft und Natur abzielte. Das Konzept verfolgt das holistische Ziel eines verantwortungsvollen Lebens im Umgang mit Mensch und Natur.

Zu Beginn standen drei Ziele im Mittelpunkt: den eigenen Lebensstil ändern, die Wachstumsmotoren bremsen und wieder ein Gleichgewicht mit der Natur herstellen. Angestrebt wurde und wird auch heute noch eine materielle, soziale und spirituelle Zufriedenheit („Erfüllungsglück"), was nicht auf Kosten anderer erreicht werden soll. Mit der Zeit erweiterte sich die Zielsetzung und es rückte mehr der Versuch in den Vordergrund, über Wissen die „Verwaltung der lokalen ökologischen und spirituellen Grundlagen des Lebensunterhalts und die autonome Lösung der Notwendigkeiten" zu gestalten (*Viteri* 2002: 1)[64].

> „Bis 2004 wurde das Gute Leben in drei verschiedenen Sinnzusammenhängen erschlossen: im Diskurs der Indigenenbewegung, der auf die Verteidigung indigener Territorien und die Umgestaltung der ecuadorianischen Gesellschaft angelegt ist, in den Alternativen zum bestehenden Paradigma von Wachstum und im Bereich der interkulturellen und pluralistischen Erziehung. Erst ab 2006 wird sich der Begriff in den verschiedenen Diskursströmungen weiterentwickeln."[65]

„Buen Vivir hat sich zu einer gesamtgesellschaftlichen Antwort auf das Scheitern neoliberaler Politiken entwickelt." (Gudynas[66]) Es ist in erster Linie ein antikoloniales Konzept, was sich gut an dem Beispiel Ecuadors erläutern lässt. In fünf Jahrzehnten der Erdölförderung wurden ganze Landstriche als Lebensgrundlage für die Bevölkerung zerstört. Viele Menschen sind deswegen verarmt, und nur eine dünne Schicht Kompradorenbourgeoisie konnte von der Erdölförderung profitieren. Nicht umsonst sieht die US-Entwicklungsorganisation USAID in *buen vivir* eine Gefahr für US-Interessen.

> „Auf diese Weise kommen einige nicht-indigene Verteidiger des Guten Lebens zu Auslegungen, die sich in anderen Diskursen als dem der Indigenenbewegung verorten lassen. Ramírez etwa spricht vom ‚Sozialismus des Sumak Kawsay (Guten Lebens) oder republikanischem Bio-Sozialismus, [der] eine biozentrische Ethik des Zusammenlebens wiedergewinnt' [...]. So imaginieren diese Intellektuellen eine ‚biozentrische Wende' (Hernández 2009, S. 62), die allerdings im Denken der Indige-

64 Viteri, Carlos, 2002: Visión indígena del desarrollo en la Amazonía. In: Polis, Revista de la Universidad Bolivariana, 1. Jg., Heft 3, S. 1–6, http://redalyc.uaemex.mx/redalyc/html/305/30510310/30510310.html

65 Altmann, Philipp, *Das Gute Leben als Alternative zum Wachstum? Der Fall Ecuador* S. 6 https://www.ssoar.info/ssoar/bitstream/handle/document/40644/ssoar-sub-2013-1-altmann-Das_Gute_Leben_als_Alternative.pdf?sequence=1

66 Gudynas, Eduardo: *BUEN VIVIR – Das gute Leben jenseits von Entwicklung und Wachstum*, https://www.rosalux.de/fileadmin/rls_uploads/pdfs/Analysen/Analyse_buenvivir.pdf, Eduardo Gudynas ist Direktor des Centro Latino Americano de Ecología Social (CLAES), Montevideo, Uruguay

> nenbewegung nur in Verbindung mit dem Verständnis von indigener Nationalität und Territorialität Sinn ergibt. Diese Suche nach weiteren, nicht-indigenen Quellen des Guten Lebens soll es auch anderen Ländern und Gesellschaften erlauben, ihre Varianten des Guten Lebens zu entwickeln." (*Altmann*: 9)

Die einzelnen Konzeptualisierungen des *buen vivir* unterscheiden sich von Land zu Land, abhängig von dem jeweiligen kulturellen (und teils auch politischen) Hintergrund. Deswegen gehören Multikulturalismus (und Interkulturalität) sowie die Vorstellung eines plurinationalen Staats zum Kernbestandteil des Konzepts. 2009 verabschiedete das Weltsozialforum (WSF) in Belém (Brasilien) den Aufruf *buen vivir* (brasilianisch: *bem viver*): „Wir wollen nicht besser leben, wir wollen gut leben". Beim WSF 2010 in Porto Alegre wurde *buen vivir* als anzustrebendes Ziel (statt Wirtschaftswachstum) zum ersten Mal international breit diskutiert.

Neben Pachamama wurde *buen vivir* 2008 als ein leitendes Prinzip in die ecuadorianische Verfassung aufgenommen, initiiert vom damaligen Präsidenten der Verfassungsgebenden Versammlung Alberto Acosta. 2009 wurde es in ähnlicher Form in die bolivianische Verfassung aufgenommen. Artikel 275 der ecuadorianischen Verfassung führt aus: „Das *Buen Vivir* [Sumak kawsay, „gutes, harmonisches Leben"] erfordert, dass Personen, Gemeinschaften, Völker und Nationen tatsächlich im Besitz ihrer Rechte sind und ihre Verantwortlichkeiten im Kontext der Interkulturalität, des Respekts ihrer Diversität und des harmonischen Zusammenlebens mit der Natur ausüben."

Allerdings steht dies in Gegensatz zu anderen Passagen der Verfassung – und erst recht zur realen Politik der Regierung: In Artikel 306 heißt es: „[D]as bolivianische Wirtschaftsmodell [ist] ein plurales und auf Verbesserung der Lebensqualität und auf *vivir bien* [gutes Leben] ausgerichtet." Weder in Ecuador noch in Bolivien ist der Extraktivismus überwunden worden, die Regierungen geben dem Druck zur Beschaffung von Devisen nach, letztlich weil sie kein alternatives, nicht-kapitalistisches Wirtschaftsmodell vertreten.

So bleibt dieses Konzept zumindest in der offiziellen Politik ein mehrdeutiges, auch und gerade, weil verschiedene Wirtschaftskonzepte nebeneinanderher funktionieren, aber eben nur scheinbar in gutem Einvernehmen. Denn in Wirklichkeit muss sich die Bewegung der indigenen

Bevölkerung gegen die konkrete Politik der Regierung zur Wehr setzen. Das wird in Zukunft noch deutlicher als bisher an dem Projekt zum Schutz des Yasuní-Nationalparks sichtbar werden, nämlich wenn die Ausgleichszahlungen aus den Metropolen weiterhin ausbleiben.

Der Ansatzpunkt der regierungsoffiziellen Yasuní-ITT-Initiative (s. unten) ist aber sowohl für Ecuador (und die anderen Staaten der Region) bedeutungsvoll als auch für die Metropolen, deren ausbleibende Unterstützung sehr viel aussagt über die fehlende Politik gegen den Klimawandel. Mit dem Projekt soll erreicht werden, dass das Erdöl aus dem ecuadorianischen Amazonasgebiet in der Erde gelassen wird.[67] Es ist ein Beispiel für eine ökologische Aktion, die von der Zivilgesellschaft dieses kleinen Landes gestartet wurde und in der globalisierungskritischen Bewegung große Beachtung fand. Ecuadors ehemaliger Minister für Energie und Bergbau, Alberto Acosta, hat 2007 der internationalen Gemeinschaft angeboten, die Ölfelder in einem Regenwaldgebiet unberührt zu lassen, wenn Ecuador dafür Ausgleichszahlungen erhält.

> „Im Angesicht einer hochkomplexen Realität verfolgte die Yasuní-ITT-Initiative vier Ziele: 1. der Schutz des Territoriums und damit des Lebens der indigenen Völker in selbstgewählter Isolierung, 2. der Erhalt einer weltweit nicht vergleichbaren Artenvielfalt (die größte wissenschaftlich erfasste regionale Biodiversität des Planeten), 3. der Schutz des globalen Klimas durch die Nichtausbeutung großer Rohölmengen und die damit einhergehende Vermeidung von 410 Millionen Tonnen CO2-Emissionen, 4. ein erster, weltweit beispielhafter Schritt Ecuadors hin zu einem postfossilen Wandel. Das ist noch nicht alles. Es könnte ein fünftes Ziel, ein weiterer Pfeiler, ausgemacht werden: die Möglichkeit aufzuzeigen, kollektiv als Menschheit konkrete Antworten auf die schwerwiegenden weltweiten Probleme zu finden, die in Zusammenhang mit dem – menschlich herbeigeführten und durch die letzte Phase der globalen Kapitalexpansion verschärften – Klimawandel stehen. [...] Buen Vivir ist Teil einer langen Suche nach Lebensalternativen, die durch die leidenschaftlichen Kämpfe indigener Völker und Nationen geschmiedet werden. Das Besondere und Tiefgründige dieser Alternative

67 Yasuní gehört zu den globalen Biodiversitäts-Hotspots, ist also eine Region, in der eine große Zahl an endemischen Pflanzen- und Tierarten vorkommen und in hohem Maß bedroht sind.

> ist, dass sie aus seit langem marginalisierten, ausgegrenzten, ausgebeuteten oder sogar zerstörten Gemeinschaften stammt. Ihre lange missachteten Vorschläge laden jetzt dazu ein, mit bisher als alternativlos erachteten Konzepten zu brechen.“ [68]

So wird dieses Programm zu einer Konkretisierung des Kampfs gegen Produktivismus und für Post-Extraktivismus. Nur wenn für Projekte gegen die fortgesetzte Umweltzerstörung und insgesamt gegen den Produktivismus tatsächlich gekämpft wird, kann das Bemühen um eine andere Existenzweise Gestalt annehmen. Acosta kommt zu dem Schluss (vielleicht etwas zu euphorisch): „Der gemeinsame Nenner beider Perspektiven ist die vehemente Kritik am Kapitalismus, der eine immer stärkere Kommerzialisierung der verschiedenen sozialen Gefüge und der Naturelemente mit sich bringt. Die VertreterInnen beider Kritikansätze sind sich darin einig, dass das Grundsatzproblem in den sozial stark verankerten Verständnissen und Praktiken von Fortschritt, Entwicklung und Wirtschaftswachstum liegt.“[69]

Insgesamt wird bei Vertreter:innen des *buen vivir* seit etwa 2010 klarer herausgestellt, dass wirtschaftliches Wachstum „zweitrangig“ ist. So werden seit dieser Zeit das Bergbaugesetz und das Wassergesetz seitens der CONAIE (der bedeutendsten Organisation der Indígenas in Ecuador) als unvereinbar mit dem Konzept des *buen vivir* gesehen. Aber es sollte nicht übersehen werden: Wirtschaftliches Wachstum wird bei den meisten Vertretern des *buen vivir* (vor allem, soweit sie staatlich Beauftragte oder Beamte sind) noch nicht per se als schädlich angesehen, was angesichts des erforderlichen Degrowth problematisch ist. (Dass ein global wirkender Degrowth nicht zwangsläufig überall zu einem Rückgang der Produktion führen muss, ist klar, soll aber hier nicht im Detail erörtert werden.)

Deutlich zum Ausdruck kommt diese politische Unklarheit beispielsweise bei Gudynas: „Der Schlüssel liegt darin, aus dem Gleichgewicht zwischen Beständigkeit und Wandel eine Bewegung der tatsächlichen Verän-

68 Alberto Acosta, *Die Welt aus der Perspektive des Buen vivir überdenken,* https://konzeptwerk-neue-oekonomie.org/wp-content/uploads/2022/11/DIB_Buen-Vivir_de_.pdf, letzter Zugriff 15. 3. 2024

69 Acosta, Alberto, 2010: El Buen Vivir en el camino del post-desarrollo. Una lectura desde la Constitución de Montecristi. Policy Paper 9, Quito: FES-ILDIS. Hier zitiert nach *Altmann*, a. a. O., S. 9

derung entstehen zu lassen." (Gudynas: 30) In gewisser Weise plädiert *buen vivir* (bzw. plädieren die meisten Kräfte, die dieses Konzept vertreten) für einen „dritten Weg" (weder kapitalistisch noch sozialistisch). Die Ansatzpunkte Gerechtigkeit und Gleichheit sind allerdings - wenn zu Ende gedacht - unter kapitalistischen Bedingungen nicht realisierbar. Deswegen sind die hier engagierten Kräfte sicher Bündnispartner im Kampf für eine kooperative, eine nicht-kapitalistische Existenzweise. Allerdings: Dieses Modell ist nicht auf die Metropolen übertragbar. Im Herzen der Bestie können wir uns nicht von Anfang an auf eine große Unterstützung im antikolonialistischen Kampf stützen.

III. Neuere Forschungsergebnisse zur Kooperation in Natur und Gesellschaft

Die Bedeutung von Kooperation in der Entwicklung von Leben

Wesentliche Beiträge zur Kooperation verdanken wir der theoretischen Biologie. Sie entwickelt Modelle, um biologische Phänomene in ihrer Entstehung und Ausbreitung zu erfassen und nutzt dazu mathematische Methoden. So werden Modelle und Theorien erarbeitet, die helfen, die Struktur und Dynamik lebender Systeme zu analysieren.

Evolutionsforscher Martin A. Nowak, Biologe und Mathematiker, gilt als einer der weltweit anerkannten Forscher der Evolution und der Spieltheorie. Seine umfangreichen Forschungen in Oxford, Princeton und Harvard hat er in einer Form niedergeschrieben, die auch für Laien verständlich ist[70]. Darin fasst er wesentliche Ergebnisse der Forschungen seiner unterschiedlichen Teams zusammen und resümiert: „Kooperation – nicht Konkurrenz – stützt Innovation. Um Kreativität zu beflügeln und Menschen zu ermuntern, originelle Ideen hervorzubringen, braucht es eher die lockende Karotte als den furchteinflößenden Stock." (*Nowak*: 15)

Für Laien und offenbar für viele Biologen bis in die 1980er Jahre ist es nicht selbstverständlich: „So wie die Selektion auf die Mutation angewiesen ist, hängt die Kooperation von diesen beiden ab. Aus der Kooperation geht die konstruktive Seite der Evolution hervor, sei es bei den Genen, den einzelnen Organismen, der Sprache oder den komplexen sozialen Verhaltensweisen. Die Kooperation ist die Chefarchitektin der Evolution." (*Nowak*: 16 f.)

Kooperation fängt sogar schon bei den Molekülen an und ist damit älter als das Leben. Inzwischen gilt in der Biologie als gesichert: Aminosäuren verbinden sich zu längeren Ketten, die Proteine bilden, die überhaupt erst Leben möglich machen. „Wie ich mit Kollegen gezeigt habe, hat die Erde in ihren Kindertagen ein komplexes Ökosystem aus kooperierenden Molekülen hervorgebracht. Über Jahrmillionen bildete sich ein hochbrisantes Gemisch heraus, das dann den Feuersturm an Replikaten entfachte, der uns heute als Leben bekannt ist." (*Nowak*: 139)

---

70 Nowak, a. a. O.

Kooperation ist das entscheidende Prinzip bei diversen koloniebildenden Insekten (z. B. bei Ameisenstaaten): Jedes der Tiere muss bestimmte Aufgaben erfüllen, damit das Gesamtsystem (in dem Fall der Hymenopterenstaat) am Leben erhalten wird. (Auch Bienen und Wespen bilden Hymenopterenstaaten). Eine andere Form der Kooperation in der Natur ist die Symbiose, also die zweckmäßige Kooperation zweier Organismen, auch wenn dies nicht intentional ist. Intentionale, also beabsichtigte bzw. bewusst gewählte Kooperation findet man erst – wenn auch nur in elementarer Form – bei Primaten. Bei Menschen allerdings spielt der Wunsch nach Kooperation (oder nach seinem Gegenteil) eine entscheidende Rolle (dazu weiter unten). Kooperation ist aber nicht erst bei Menschen ein komplexes adaptives System (KAS). Auch bei anderen Lebewesen kann KAS aus mehreren zusammenhängenden Elementen bestehen und sich an die Umwelt anpassen.

Oliver Heuler: „Der Zoologe Marvin Bates kann als repräsentativ für diese Autoren[71] gelten: ‚Der Wettbewerb oder Kampf ist ein Oberflächenphänomen, das eine im wesentlichen wechselseitige Abhängigkeit überlagert. Das Grundthema in der Natur ist eher die Kooperation, nicht der Wettkampf – eine derart allgegenwärtige und völlig integrierte Kooperation, sodass es schwierig ist, die einzelnen Stränge zu entwirren und zu verfolgen. Es ist zum Beispiel im Interesse beider Exemplare (oder Arten), nicht um ein Wasserloch zu kämpfen; Wanderung ist eine der vielen Strategien, die es beiden Parteien erlaubt zu überleben. Bemerkenswert jedoch ist, dass diese Autoren nicht nur behaupten, Tiere neigten dazu, den Wettkampf zu meiden, sondern dass ihr Verhalten weithin vom Gegenteil gekennzeichnet ist, nämlich von Kooperation.‘“[72]

Oliver Heuler: „Wenn man überdies zeigen könnte, dass Wettbewerb ein erlerntes Verhalten ist, würde auch das widerlegen, dass der Wettbewerb in der Natur des Menschen liegt. Die erste umfassende Untersuchung zu diesem Thema wurde von dem Social Science Research Council in Auftrag gegeben. Mark May und Leonard Doob berichten über 24 Forschungsergebnisse, deren Ergebnis zusammenfassend lautet: ‚Die Menschen sind von Natur aus zielorientiert, aber ob sie diese Ziele zusammen mit ande-

---

71 Das sind die in M. F. Ashley Montagus umfangreicher Bibliographie angegebenen Autor:innen, die wie Bates nachweisen, dass Kooperation im Tierreich eine größere Rolle spielt als Wettkampf.

72 *Oliver Heuler,* a. a. O.

ren anstreben (Kooperation) oder gegen sie (Wettbewerb), es sind beide Male erlernte Verhaltensformen. Keine der beiden Verhaltensweisen lässt sich als genetisch grundlegender oder ursprünglicher bezeichnen.'"[73]

Was vor allem Nowak gut nachgewiesen hat: Selektion, Mutation und Kooperation – die drei Antriebskräfte der Evolution – wirken schon bei den einfachsten Organismen wie Bakterien, ja sogar schon bei den Genen. Ähnlich wie Axelrod (siehe unten) nutzt Nowak das Konzept des „Gefangenendilemmas", um mit den mathematischen Berechnungen der Spieltheorie die unterschiedlichen Reaktionen und ihre Erfolgschancen herauszufinden, mit anderen Worten: welche Strategie mehr Früchte trägt.

Das Gefangenendilemma

An dieser Stelle müssen wir das Gefangenendilemma erläutern. Die Fragestellung (vom Grundprinzip her seit Hobbes ein Thema) kam verstärkt in den wirtschaftswissenschaftlichen Debatten nach dem II. Weltkrieg in den USA auf, als man sich (getreu der Maxime der Wahrung uneingeschränkter Wettbewerbswirtschaft) fragte, wie Preisabsprachen zustande kommen und wie sie verhindert werden können.[74]

Mit dieser Methode wurde mit unzähligen Varianten in den unterschiedlichsten Disziplinen (nicht zuletzt in der Verhaltenspsychologie) untersucht, wie sich zwei Probanden verhalten, die ohne Kontakt zueinander vor die Frage gestellt werden, ob sie lieber auf den eigenen Vorteil bauen oder ob sie – via Kooperation mit dem „Mitspieler" – zwar auf die größtmögliche sofortige Auszahlung verzichten, bei einer fortgesetzten Kooperation aber auf Dauer mehr gewinnen, als mit jeweils „egoistischen" Reaktionen möglich ist. Da es eine Absprache mit dem Mitspieler/der Mitspielerin nicht gibt, stellt sich die Wahl zwischen Kooperation und Defektion (dem Setzen auf den unmittelbar größtmöglichen eigenen Gewinn) erst bei mehrfacher Wiederholung des Vorgangs (in der Fachsprache: beim „iterativen Gefangenendilemma"). Erst dann erweist sich, ob sich für die Probanden das Setzen auf Kooperation auszahlt.

---

73 *Oliver Heuler*, a. a. O.

74 Mit diesem Namen und als Spieltheorie erfunden wurde das Gefangenendilemma „ungefähr 1950 von Merrill Flood und Melvin Dresher [...] und kurz darauf von A. W. Tucker formalisiert." *Axelrod*, a. a. O. S. 22

Wegweisend für die weitere Ausarbeitung des spieltheoretischen Ansatzes waren die Arbeiten von Robert Axelrod, Mathematiker und Politikwissenschaftler, der das Gefangenendilemma folgendermaßen erläutert:

> „Die ursprüngliche Geschichte ist, daß zwei Komplizen nach einem Verbrechen eingesperrt sind und getrennt verhört werden. Jeder von beiden kann gegen den anderen defektieren, wenn er in der Hoffnung auf Strafmilderung gesteht. Wenn aber beide gestehen, sind ihre Geständnisse nicht so wertvoll. Wenn auf der andren Seite beide miteinander kooperieren und das Geständnis verweigern, kann der Staatsanwalt sie nur mit einer kleineren Anklage überführen." (*Axelrod* 2009: 112 f)

Axelrod unternahm theoretische und experimentelle Untersuchungen und leitete seinen Beitrag zur Spieltheorie mit einem Artikel ein, den er 1980 im *Journal of Conflict Resolution* veröffentlichte.[75] Ebenfalls wegweisend wurde der mit William D. Hamilton 1981 veröffentlichte Fachaufsatz *The evolution of cooperation*: „Unter der Annahme, dass Interaktionen zwischen jeweils zwei Individuen nach den Maßgaben der Wahrscheinlichkeit stattfinden, bildet sich ein Modell heraus, das auf dem Konzept einer evolutionär stabilen Strategie im Zusammenhang eines Gefangenendilemmas basiert. Schlussfolgerungen aus dem Modell und die Ergebnisse eines Computerturniers zeigen, wie eine auf Gegenseitigkeit beruhende Zusammenarbeit in einer asozialen Welt beginnen kann, wie sie in Interaktion mit einer Vielzahl anderer Strategien gedeihen kann und wie sie einer Invasion widerstehen kann, sobald sie sich vollständig etabliert hat. Potenzielle Anwendungen umfassen spezifische Aspekte von Territorialität, Paarung und Krankheit."[76]

Axelrod wies nach, dass Kooperation sich auch ohne Absprache und ohne Zwänge zwischen egoistischen Elementen entwickeln kann, und zwar immer dann, wenn die Konstellation der Gegenüberstellung sich wiederholt, also dem iterierten Gefangenendilemma entspricht. So erwies sich in den Tests, dass die Reaktionsweise des TIT FOR TAT (TFT) im-

75 Wesentliche Ergebnisse wurden dann 1984 in „The Evolution of Cooperation" veröffentlicht, deutsch 2009 als „Die Evolution der Kooperation", München (Oldenbourg Wissenschaftsverlag); die englische Ausgabe findet sich auch im Netz: https://public.websites.umich.edu/~axe/Axelrod_Evol_of_Coop_excerpts.pdf

76 In: *Science. Band 211, Nr. 4489, 1981, S. 1390–1396,* doi:10.1126/science.7466396, eigene Übersetzung

mer dann die erfolgreichste war, wenn der Vorgang häufig wiederholt wurde, erst recht, wenn nicht absehbar war, wann sich der Vorgang nicht mehr wiederholen würde. Dann war durchweg die Kooperation – gemäß der Überlegung: Ich arbeite mit meinem Gegenüber zusammen, weil ich damit auf Dauer am meisten auch für mich selbst erreiche – allen anderen Verhaltensweisen deutlich überlegen.

Erstmals formuliert worden war dieses Prinzip für die Spieltheorie in den 1960er Jahren von dem Biologen und Mathematiker Anatol Rapoport (damals motiviert durch die Untersuchung des Dilemmas des Rüstungswettlaufs). Sein auf dem TIT FOR TAT-Prinzip basiertes Programm belegte in den von Axelrod organisierten Turnieren immer den ersten Platz, war also immer – mathematisch erklärbar – gegenüber allen anderen Versuchen, sich in der Auseinandersetzung mit anderen zu bewähren, das erfolgreichste Modell.

Dies ist auch die spieltheoretische Erklärung dafür, dass Organismen, einfachste Lebewesen und sogar Gene sich dann besser verbreiten, wenn sie kooperieren. Anders ausgedrückt: Die Organismen, die – ohne eigene „Überlegung" und rein zufällig – kooperieren, haben die größten Möglichkeiten sich fortzupflanzen. Biologen und Evolutionsforscher haben dies in den letzten Jahrzehnten (völlig unabhängig voneinander und frei von spieltheoretischen Kenntnissen) in ausgedehnten Untersuchungen herausgefunden.

Ähnlich wie Axelrod erweitert Nowak das Fragenkonzept des Gefangenendilemmas und bezieht neue Kategorien in die Untersuchung ein. Ausgehend von der erfolgreichen TFT-Strategie, die im Kern auf bewusster oder auch unbewusster Gegenseitigkeit (Reziprozität) beruht, zieht Nowak aus seinen Studien zur indirekten Reziprozität den Schluss, dass Reputation eine große Rolle spielt. Wer den Ruf genießt, gut zu kooperieren, hat die größeren Chancen, schon „in der ersten Runde" mit Kooperation „belohnt" zu werden. „Während die direkte Reziprozität auf eigenen Erfahrungen mit einem anderen beruht, berücksichtigt die indirekte zusätzlich die Erfahrungen anderer." (*Nowak*: 70) Die direkte Reziprozität entfaltet ihre Wirkung erst (bzw. kann sie erst entfalten) bei wiederholten Vorgängen, so dass sich das TFT überhaupt erst dann auswirken und auch statistisch gesehen zur Geltung kommen kann. Die indirekte Reziprozität wirkt schon beim ersten Zusammentreffen. Sie kann natürlich scheitern (enttäuscht werden), denn hier liegen keine zwingenden physikalischen Gesetze vor, sondern statistisch ermittelte Wahrscheinlichkeiten.

Nowak ging auch der Frage nach, wie es zur Verwandtenselektion (kin selection) kommt, also zur bevorzugten Hilfsbereitschaft gegenüber Menschen, mit denen wir verwandt sind. Dieses Thema ist in der Evolutionsforschung noch sehr umstritten. Nowak stellt so manche Erkenntnisse (oft sind es nur unbewiesene Theorien oder pure Behauptungen) anderer Evolutionsforscher und vor allem von Verhaltensforschern infrage und äußert sich bei den Erklärungen eher zurückhaltend, auch wenn er die „Verwandtenselektion" als „fünfte[n] Mechanismus der Kooperation" (*Nowak*: 115) konstatiert. Der Grundgedanke: Kooperation entwickelt sich unter Verwandten leichter als unter Nicht-Verwandten. Für uns an dieser Stelle ist erst mal nur wichtig, dass Nowak dem Behavouristen Richard Dawkins widerspricht, der dies den verwandten Genen zuschreibt.[77] Wir kommen weiter unten auf Dawkins zurück.

Die Forschung ist sich noch nicht klar darüber, worauf die Verwandtenselektion basiert. Diejenigen allerdings, die die Verwandtenselektion stark betonen, gehen in aller Regel von einem vorherrschenden und unabänderlichen Egoismus aus. Demnach existiere Altruismus nur in einem engen, überschaubaren Rahmen. Dieses Alles-oder-nichts-Denken eröffnet keinen Blick auf möglicherweise abgestuftes altruistisches Verhalten, je nachdem wie groß beispielsweise die Gefahr für das bedrohte Opfer ist.

Für uns ist hier von besonderer Bedeutung die Tatsache, dass sich die Forschungsergebnisse der Biologen wie auch die spieltheoretischen (mathematischen) Berechnungen mit den eigenen Erfahrungen im menschlichen Zusammenleben decken. Jemandem, dem der Ruf der Defektion (also des Nicht-Kooperierens) vorauseilt, begegnen wir von vornherein mit geringerer eigener Kooperationsbereitschaft. Bekannten Defektoren begegnet man mit größerer Vorsicht oder auch mit Vorbehalten als den Menschen, die für ihre Kooperation bekannt sind. „Mit kleinen Akten der Großzügigkeit kann man sich eine Reputation aufbauen, die auf lange Sicht sehr viel mehr wert ist als das, was sie einen gekostet hat." (*Nowak*: 72) Offensichtlich hängt diese Frage allerdings auch mit unserem Verständnis von Altruismus zusammen, bei dem es nicht nur um Kosten-Nutzen-Rechnungen geht. Wir kommen auf diese Frage an anderer Stelle zurück. Hier

77 Dawkins, Richard: *Das egoistische Gen*, Reinbek bei Hamburg (Rowohlt), 1996

stößt der Biologe und Mathematiker an seine Grenzen, wenn er nicht zugleich auch die politische (und philosophische) Dimension in die Analyse einbezieht, was zumindest Nowak nicht tut.

„Unter dem Einfluss der indirekten Reziprozität ist unsere Gesellschaft nicht nur größer, sondern auch komplexer geworden. Die zunehmende Größe moderner Gesellschaften macht es möglich, dass körperliche und geistige Arbeit verstärkt diversifiziert wird. Menschen können sich spezialisieren, wenn sie sich über Netzwerke der indirekten Reziprozität einen Ruf aufbauen können, wonach sie zu einer spezialisierten Aufgabe befähigt sind." (*Nowak*: 71) Hier wird deutlich, dass der Biologe und Mathematiker die politische Ebene und die Verarbeitung der Erfahrungen der Geschichte ausblendet. Er hat leider überhaupt kein Verständnis der weitreichenden Auswirkungen unterschiedlicher gesellschaftlicher Konstellationen.

Als Mathematiker dehnte Nowak seine Untersuchungen auf den „Raum" aus. Mit umfangreichen computergestützten Simulationen erzeugte er Situationen, die er als „räumliches Gefangenendilemma" bezeichnete, also das Zusammentreffen mit unzähligen anderen Akteuren. Dabei trafen „bedingungslose Kooperatoren" auch auf „unverbesserliche (genuine) Defektoren". „In einer klassischen Anordnung, in der jeder Spieler [Akteur] mit gleicher Wahrscheinlichkeit auf jeden anderen trifft, hatte Kooperation keine Chance." (*Nowak*: 94 f.) Nowak und sein Team untersuchten für heterogene Ökosysteme sowohl mit computergestützten Spielen (Experimenten) wie auch mit mathematischen Berechnungen das mögliche räumliche Zusammentreffen, was beinhaltete, dass ein Akteur auf einem Feld (gegenüber einem Akteur) kooperierte und auf einem anderen Feld (gegenüber einem anderen Akteur) defektierte. „In dem sich ständig wechselnden Universum der Unvorhersehbarkeit und des Chaos gab es einen Fixpunkt. Das durchschnittliche Vorkommen von Kooperatoren betrug 31,78 Prozent." (*Nowak*: 97)

Die Berechnungen belegen mathematisch, dass Gruppen, in denen Kooperation entsteht, tendenziell beständiger sind als solche, in denen ausschließlich egoistisches Verhalten herrscht. „Gruppenselektion ermöglicht Evolution von Kooperation, vorausgesetzt, dass eine Bedingung stets gilt: Das Verhältnis vom Nutzen zu den Kosten ist größer als der Wert eins plus das Verhältnis der Gruppengröße zur Gruppenzahl. Gruppenselektion funktioniert also gut bei vielen kleinen Gruppen, weniger gut bei wenigen großen, schwerfälligen Gruppen." (*Nowak*: 108).

Die Ergebnisse der umfangreichen Berechnungen erschienen 1992 in der Zeitschrift *Nature* und sind aus den weiteren Beschäftigungen mit dem Gefangenendilemma nicht mehr wegzudenken. Nowak fasst diese Ergebnisse für die Evolutionsforschung folgendermaßen zusammen:

> „Wenn aus einer gemischten Population aus Defektoren und Kooperatoren (also einer Suppe) eine heterogene mit Gettos aus Kooperatoren und Defektoren (eine Pizza) wird, zeigen sich ganz unterschiedliche Entwicklungslinien, bei denen Kooperation auch dann entstehen und erblühen kann, wenn komplizierte Strategien fehlen. Mit anderen Worten: In einer strukturierten Welt kann Kooperation entstehen, ohne dass dafür kluges Denken oder überhaupt ein Gehirn gebraucht wird.
>
> Auf diese Art sagte meine Arbeit etwas Grundlegendes über die Ursprünge des Lebens aus. Die [graphischen] Muster [der spieltheoretischen Experimente] lieferten den Nachweis, dass Kooperatoren und Defektoren Seite an Seite koexistieren können, wenn man Geographie in das Gefangenendilemma einführt. In der Natur bedeutet dies, dass Ausnutzer und Ausgenutzte, Schummler und Ehrliche auch ohne eine leitende Strategie zusammenleben können. In diesen räumlichen Spielen des Lebens gibt es keine generellen Gewinner. Vielmehr läuft ein dynamisches Zusammenspiel verschiedener Typen ab. [...] Gruppen von Kooperatoren können auch dann reüssieren, wenn sie von Defektoren belagert werden. Dies ist der dritte Mechanismus für die Evolution von Kooperation.“ (*Nowak*: 98)

Diese Erweiterungen waren notwendig, weil die Zweipersonen-Interaktionen der TIT FOR TAT-Strategie von Axelrod und Hamilton zu wenige Ausschnitte aus der Lebenswirklichkeit abbildeten (bzw. simulierten). Aber auch dann stößt der spieltheoretische Ansatz an Grenzen, denn auch mit der Ausdehnung auf mehr Interakteure ist nicht klar auszumachen, wie sich die Verhaltensweisen bei einer sehr großen Zahl von „Gegenüber“ verändern, vor allem dann, wenn sich mit der Zeit der jeweilige Erfahrungsschatz erhöht. Hinzu kommt, dass ein TIT FOR TAT dann nicht mehr viel erklären kann, wenn die Motivationen (und Vorlieben) der Gegenüber nicht bekannt sind. Schließich kann sich auch das Verhalten ändern, wenn – subjektiv empfunden – sehr viel auf dem Spiel steht oder das Verhältnis von Kosten und Nutzen nicht auszumachen ist.

Was Nowak (in seiner Eigenschaft als Mathematiker) mit einem seiner Teams nachweist und in einem anderen Team als theoretischer Biologe und Evolutionsforscher herausfindet, ist also sehr wohl mit der menschlichen Existenz in Verbindung zu setzen, aber auf keinen Fall eins zu eins auf größere politische Zusammenhänge übertragbar. So lässt sich damit beispielsweise gut erklären, warum wir uns gegenüber verschiedenen Menschen unterschiedlich verhalten (zumindest dann, wenn uns ihre positive oder negative Reputation bekannt ist; wie berechtigt diese jeweilige Reputation ist, spielt da noch keine Rolle). Das erklärt die grundsätzliche Bedeutung der Kooperation und ihre Verankerung in der Natur des Menschen. Für das Verständnis der komplexen Prozesse gesellschaftlicher Auseinandersetzungen sind die besagten Erkenntnisse zwar notwendig, aber nicht hinreichend.

Im Unterschied zum Biologen Nowak verfolgte Axelrod mehr den strategischen Ansatz und untersucht in einer „evolutionären Perspektive, wie sich Menschen verhalten, die wiederholt miteinander interagieren. Für seine Tests ließ Axelrod von Computerexperten, Evolutionsbiologen und Physikern Programme entwickeln, die erhellen sollten, was für die möglichen Probanden die beste Strategie ist, um bei einer wiederholten Interaktion die besten Ergebnisse für beide Seiten zu bringen. Es erwies sich, dass die Strategie TIT FOR TAT mit Abstand die besten Ergebnisse erzielte, also eine Verhaltensweise, die mit Kooperation des ersten Spielers beginnt und die so lange fortgeführt wird, wie auch der andere Spieler kooperiert. Defektiert allerdings der andere Spieler (Spielerin), dann legt diese Strategie nahe, ebenfalls zu defektieren, um den anderen nicht zu ermuntern, die Defektion fortzuführen. Nimmt aber der andere Spieler die Kooperation wieder auf, so legt diese Strategie nahe, nicht nachtragend zu sein, und unverzüglich auch wieder die Kooperation aufzunehmen.

Auch die Wiederholung der Experimente – mit zum Teil sehr ausgeklügelten Computer-Programmen – bestätigte eine wichtige Erkenntnis: „Gegenseitigkeit ist eine ausreichende Basis für Kooperation." (*Axelrod*: VIII) Wenn ein Mensch in der wiederholten Interaktion mit einem anderen Menschen auf jeden Fall mit Kooperation besserfährt, dann stellen sich für eine evolutionäre Perspektive drei unterschiedliche Problemstellungen. „Erstens: Wie kann eine kooperationsbereite Strategie überhaupt in einer Umgebung Fuß fassen, die vorherrschend unkooperativ ist? Zweitens: Welcher Typus von Strategie kann sich in einer komplexen Umgebung bewähren, die sich aus einem breiten Spektrum mehr oder weniger raffinierter, unterschiedlicher Strategien zusammensetzt? Drittens: Unter welchen Bedingungen kann eine solche Strategie, nachdem sie sich einmal in einer Gruppe durchgesetzt hat, der Invasion durch eine weniger kooperative Strategie Widerstand entgegensetzen?“ (*Axelrod*: VIII)

Damit sich Kooperation in der Lebenswirklichkeit der Menschen entwickelt, ist die Wiederholung der Interaktion eine wesentliche Voraussetzung, aber keineswegs hinreichend. Es gibt vier Merkmale, die für eine auf Kooperation ausgerichtete Strategie zum Erfolg beitragen: „1. Vermeidung unnötigen Konflikts durch eigene Kooperation, solange der andere Spieler kooperiert, 2. Provozierbarkeit[78] angesichts einer unnötigen Defektion durch den anderen, 3. Nachsichtigkeit nach der Antwort auf eine Provokation, 4. Verständlichkeit des Verhaltens, damit der andere Spieler sich an das Verhaltensmuster des Spielers anpassen kann.“ (*Axelrod*: 18)

Dass diese Erkenntnisse keine Ergebnisse (abstrakter) Computerspiele sind, zeigt das Verhalten der Soldaten im Stellungskrieg des I. Weltkriegs. Hierzu führt Axelrod vor allem die umfangreichen Studien von Tony Ashworth an.[79] Im I. Weltkrieg entwickelte sich an verschiedenen Frontabschnitten in Belgien und Frankreich ein gegenseitiges Schonen der Soldaten in den Schützengräben. Die eine Seite schoss so lange nicht tödlich, wie auch die andere Seite das nicht tat. Voraussetzung dafür war, dass sich in einem Stellungskrieg eine gewisse Zeit lang die jeweils selben Truppen gegenüberstanden und sich gegenseitig „kannten“, und sei es eben nur indirekt. „Aber auf der lokalen Ebene, an der Front, wurde wechselseitige Zurückhaltung sehr stark gegenüber wechselseitiger Bestrafung vorgezogen.“ (*Axelrod*: 70) „Die Strategien beruhten sowohl auf Absicht als auch auf Erfahrung. Die Soldaten lernten, daß die Aufrechterhaltung wechselseitiger Zurückhaltung zwischen ihnen und ihren Feinden es notwendig machte, diese Zurückhaltung auf die erwiesene Fähigkeit und Bereitschaft zu gründen, Provokationen zu beantworten. Sie lernten, daß Kooperation auf Gegenseitigkeit beruhen mußte. Die Evolution von Strategien ergab sich also eher aus bewußter als aus blinder Anpassung. Die Evolution war auch nicht mit dem Überleben des Tüchtigsten verbunden.“ (*Axelrod*: 76)

---

78 Damit ist die Fähigkeit gemeint, auf Defektion umzuschalten, um den Gegenüber nicht zu weiterer Defektion zu ermuntern.

79 Ashworth, Tony, *Trench Warfare, 1914-1918: The Live and Let Live System*, New York (Holmes & Meier) 1980

Es versteht sich, dass dies in keinem Fall den Befehlshabern gefiel, weshalb in solchen Frontabschnitten, wo sich ein „kooperatives Verhalten" (also eine gegenseitige Schonung) erkennen ließ, unverzüglich die Truppenteile häufiger als ursprünglich vorgesehen ausgewechselt wurden. Hinzu kommt, dass eine bedeutsame waffentechnische Änderung eintrat: Als mehr Artillerie eingesetzt wurde (und erst recht bei sehr weitreichender Artillerie), wurde der gegenseitigen Rücksichtnahme (für den Abtransport von Verwundeten oder zu Essenszeiten) der Boden entzogen. Je mehr heutzutage weitreichende Waffensysteme (nicht nur, aber gerade auch im Ukrainekrieg) eingesetzt werden (von Kampfhubschraubern über weitrechende Haubitzen bis Marschflugkörper), umso mehr schwinden die Möglichkeiten einer Verständigung oder gar Verbrüderung.

Besonders interessant sind weitere Ergebnisse der Studien, weil auch sie ohne Umschweife mit Erfahrungen des Alltagslebens in Verbindung zu bringen sind. Eine Kooperationsstrategie ist dann kollektiv stabil, wenn keine defektorische Strategie in die entsprechende Gemeinschaft eindringen kann. Die beste Garantie hierfür ist die möglichst häufige Wiederholung der Kooperation, wenn sie also nicht nur kurzzeitig stattfindet. Die TFT-Strategie ist nur dann kollektiv stabil, wenn die Zukunft der Interaktion hinreichend wichtig ist. Ist das Ende der Beziehung (das heißt der möglichen Interaktionen) absehbar, dann wird die TFT-Strategie merklich instabiler.

Auf der anderen Seite hat eine kooperative Gruppe nur dann eine Chance, in Gemeinschaften „unbedingter Defektoren" einzudringen, wenn sie groß genug ist, um in der größeren Gruppe ausreichend zu interagieren, also ein lebensfähiges Kollektiv zu bilden, das unter Umständen auch für andere Nachbarn attraktiv ist, also eine erfolgversprechende kooperative Strategie nachvollziehbar vorexerziert.

Wie sehr unter den heutigen Bedingungen das Konkurrenzdenken (spätestens im Erwachsenenalter) verinnerlicht ist, zeigte ein Spiel (ein Experiment) mit Studierenden, die in einer Konstellation des Gefangenendilemmas versuchen sollten, möglichst viele Punkte für sich zu sammeln. „Diese Anleitungen [auch die Erklärung, dass Kooperation auf Dauer am meisten bringt] funktionieren einfach nicht. Die Studenten suchen nach einem Vergleichsmaßstab, um zu sehen, ob sie gut oder schlecht abschneiden. Am einfachsten ist für sie der Vergleich ihrer Punktzahl mit der Punktzahl des anderen Spielers. Früher oder später defektiert der eine Student, um den anderen zu überholen oder um einfach zu sehen, wie der andere reagiert. Dann defektiert gewöhnlich der Mitspieler, um nicht in Rückstand zu geraten. Danach wird es wahrscheinlich, dass sich die Situation durch gegenseitige Bestrafungen verschlechtert." (*Axelrod*: 100)

An dieser Stelle können wir nicht auf die verschiedenen Verfeinerungen der TFT-Strategie eingehen, nur eine wichtige sei benannt: „Man erkennt [...], daß das optimale Maß an Nachsicht von der Umgebung abhängt." (*Axelrod*: 108) Was sich also in der einen „Community" als vorteilhaft erweist, muss in einem anderen Zusammenhang keineswegs von Erfolg gekrönt sein.

Axelrod untersuchte auch, wie Kooperation gefördert werden kann. Hier spielt vor allem die Vergrößerung der Bedeutung der Zukunft im Verhältnis zur Gegenwart eine herausragende Rolle. Wichtig sein können zudem Änderungen der „Auszahlungen" der Spieler oder auch die „Belehrung der Spieler über die Werte, Fakten und Fertigkeiten, die kooperationsfördernd sind." (*Axelrod*: 113) Selbst eine relativ kleine Transformation der Auszahlungen kann zur „Stabilisierung reziproker Kooperation beitragen." (*Axelrod*: 120)

In seiner Zusammenfassung schreibt Axelrod: Es „wurde insbesondere gezeigt, daß ein einzelnes Individuum, welches eine freundliche Strategie des TIT FOR TAT verwendet, nicht in eine Population von Böswilligen eindringen konnte, die stets defektieren. Bestand aber ein Minimum an sozialer Struktur unter den Eindringlingen, konnte sich eine andere Situation ergeben. Wenn sie sich in einer Gruppe befanden, so daß wenigstens ein kleiner Teil ihrer Interaktionen miteinander erfolgte, dann konnte sie in die Population Böswilliger eindringen." (*Axelrod*: 131)

Mit anderen Worten: Kooperative Strukturen (Kollektive) sind invasiv erfolgreich, jedenfalls dann, wenn sie mit der Strategie des TIT FOR TAT die Möglichkeit haben, untereinander möglichst ungehindert zusammenzuarbeiten, und sie in der Lage sind, die Nichtkooperateure zuverlässig zu erkennen und sich vor ihnen zu schützen.

Ebenfalls wichtig für die sozialpsychologische Betrachtung: Stereotype können stabil sein und eine Anpassung der Strategie (v. a. zugunsten von Kooperation) behindern. Für die politische Debatte besonders wichtig: Etikettierungen können Stereotype unterstützen, die jedem schaden und der Minderheit mehr schaden als der Mehrheit.

„Die Hauptergebnisse der Theorie der Kooperation sind ermutigend.

Sie zeigen, daß Kooperation sogar durch eine kleine Gruppe von Individuen in Gang gebracht werden kann, die auf die Erwiderung von Kooperation eingestellt sind, und zwar in einer Welt, in der kein anderer kooperiert. Die Analyse zeigt zusätzlich die beiden Grundvoraussetzungen für den Erfolg der Kooperation: Kooperation muß auf Gegenseitigkeit beruhen, und der Schatten der Zukunft muß groß genug sein, um diese Gegenseitigkeit stabilisieren zu können. Wenn aber Kooperation erst einmal in einer Population etabliert ist, dann kann sie sich gegen die Invasion durch unkooperative Strategien schützen.“ (*Axelrod* 156) „Die Durchsetzung stabiler Kooperation kann lange Zeit benötigen, wenn sie auf der Grundlage blinder Evolution verläuft, oder sie kann recht schnell erfolgen, wenn intelligente Spieler ihre Wirkung schätzen.“ (*Axelrod*: 171)

So weit, so positiv. Doch wenn Axelrod zu dem Schluss kommt, dass die „Maschinerie für die Evolution der Kooperation“ eine „Rücklaufsperre“ hat, dann fragt sich, wie dies mit den Erfahrungen der Menschheit in den letzten Jahrhunderten in Einklang zu bringen ist. Hier zeigt sich leider die fundamentale Schwäche des politischen (oder sollten wir sagen: des nur begrenzt politischen?) Ansatzes von Axelrod. Die gegenwärtig wichtigsten Probleme der Menschheit verortet er auf „dem Gebiet der internationalen Beziehungen. Unabhängige egoistische Staaten stehen sich in einem Zustand gegenüber, der beinahe anarchisch ist.“ (*Axelrod*: 171) Dass sich hier nicht „egoistische Staaten“ gegenüberstehen, sondern die jeweils herrschenden Klassen eine Politik im Interesse ihres eigenen Machterhalts (bzw. Ausbau dieser Macht und ihres Reichtums) betreiben, kommt ihm nicht in den Sinn bzw. ist seiner begrenzten gesellschaftspolitischen Analyse geschuldet.

Was weder Nowak noch Axelrod untersuchen: Welche Auswirkungen haben die spieltheoretischen Erkenntnisse auf die Organisierung der menschlichen Gesellschaft, erst recht in der heutigen Zeit und angesichts epochaler Herausforderungen?[80] Nicht nur, aber vor allem vor dem Hintergrund der ökonomischen und ökologischen Komplexität heutiger menschlicher Gemeinschaften schlussfolgern wir, dass die Kooperation auf einer Ebene, die über die überschaubare Kleingruppe hinausgeht,

80 Zu den Herausforderungen, mit denen wir heute konfrontiert sind: Schäfer, Jakob: *Die Warengesellschaft und die Herausforderung der multiplen Krise,* Wien (new academic press) 2022

nicht nur objektiv notwendig ist, sondern auch des bewussten Einsatzes menschlicher Intelligenz und rationaler Planung bedarf. Urwüchsig, also ohne Plan und ohne gesamtgesellschaftliche Rationalität, kann keine Kooperation entstehen, die in der Lage wäre, den drohenden Kataklysmus zu verhindern.

Damit kommen wir zur bedeutendsten Grenze des spieltheoretischen Ansatzes, so hilfreich er bei der Erklärung der strategischen Vorteile der Kooperation ist: Dadurch, dass er die Kommunikation nicht in die Untersuchungen einbezieht, erfasst er nicht die für die menschliche Gemeinschaft so lebenswichtige Achse des vielfältigen Informations- und Erfahrungsaustauschs, der Absprachen usw., von den Ergebnissen intensiver Debatten noch ganz abgesehen. Elinor Ostrom, Trägerin des Nobelpreises für Wirtschaftswissenschaften, schreibt (absolut untypisch für ihre Zunft!):

> „Sorgfältig konzipierte Studien in Laborsituationen erlauben uns, bestimmte Kombinationen von Strukturvariablen zu testen und dadurch festzustellen, dass isolierte anonyme Einzelne die Ressourcen von Gemeinschaftspools übermäßig ausbeuten. Doch einfach nur dadurch, dass ihnen Kommunikation – und sei es nur ein einfacher Schwatz – erlaubt wird, gelingt es den Teilnehmer:innen – entgegen den Annahmen der Spieltheorie – die Übernutzung zu verringern und die gemeinsamen Auszahlungen zu erhöhen. Groß angelegte Studien von Bewässerungssystemen in Nepal sowie von Wäldern auf der ganzen Welt stellten die Annahme in Frage, dass Regierungen für Verwaltung und Schutz wichtiger Ressourcen stets besser geeignet sind als die Nutzer:innen selbst.“[81]

Diese Schlussfolgerung zog Ostrom (sie war zusammen ihrem Ehemann Vincent Ostrom Begründerin der Bloomington School in der Wirtschaftswissenschaft) aus theoretischen und vor allem aus empirischen Untersuchungen, die sie im Verlauf von annähernd 50 Jahren in verschiedenen Teilen der Welt durchführte. Dabei zeigte sich, dass Kooperation der unmittelbar Betroffenen mehr bewirkt (auch beim Umweltschutz) als die von Regierungen vorgegebenen Richtlinien. Speziell untersuchte sie, welche Faktoren die Robustheit von Selbstorganisationen in polyzentrischen

81 Ostrom, Elinor: *Jenseits von Markt und Staat. Über das Potential gemeinsamen Handelns*, Ditzingen (Reclam) 2022, S. 8

Mehrebenen-Systemen verstärken oder schwächen. Aus der von den beiden Ostroms durchgeführten Metaanalyse ergab sich, dass eine von den Betroffenen eingeübte Kooperation viel besser in der Lage ist, „Dilemmas zu überwinden und eine wirksame Governance zu entwickeln" (*Ostrom*: 27) als vielfach angenommen. Die Nutzer:innen sind sehr wohl in der Lage, eigens entwickelte Regeln sinnvoll zu nutzen, nicht zuletzt bei der Nutzung von Gemeingütern.

Netzwerke sind in der Spieltheorie ausschließlich Verbindungslinien (Verknüpfungen) von Individuen (oder auch Gruppen), die dann aufgrund ihrer höheren Verknüpfungszahlen mehr Durchsetzungskraft entfalten. So führt Nowak an:

> „Wir konnten die genauen Bedingungen ermitteln, unter denen die natürliche Auslese in Populationen, die um Mengen herum strukturiert sind, Kooperation den Vorzug vor Defektion gibt. [...] Je mehr Mengen, desto besser für die Kooperation. Denn wenn es mehr Mengen gibt, haben Kooperatoren mehr Fluchtmöglichkeiten. Sie haben es leichter, in Mengen auszuweichen, in denen sie nicht von lästigen Defektoren ausgenutzt werden können. [...] Dass Kooperatoren wählerisch sind, erhöht ihre Erfolgsaussichten dramatisch. Deswegen sind Mengen die Strukturen mit dem größten Potenzial, Kooperation zu begünstigen." (*Nowak*: 286 f.)

Was Nowak zur „Tragik der Allmende" ausführt, macht unseres Erachtens eine deutliche Schwäche – genauer: das begrenzte Anwendungsgebiet – der Spieltheorie deutlich. Nowak greift einen Beitrag von Garret Hardin aus dem Jahr 1968 auf, in dem dieser das Dilemma beschreibt, in dem jene sich befinden, die ein nur begrenzt verfügbares Gemeingut (Allmende) nutzen wollen. Treiben beispielsweise alle Hirten ihre Kühe auf die Gemeinschaftsweide, ist die Gefahr der Überweidung groß. Wenn jeder (mit dem Hinweis, andere haben auch schon viele Kühe auf der Weide) noch mehr eigene Kühe auf die Weide führt, ist zwar kurzfristig das Ergebnis gut (der Viehbestand wächst), aber nach einer gewissen Zeit gibt es kaum Gras, die Kühe magern alle ab usf.

Ähnliches gilt heute beispielsweise für die Überfischung der Meere. Hardin kam zu dem Schluss: „In einer übervölkerten Welt kann eine nicht-regulierte Allmende unmöglich funktionieren." (zitiert nach *Nowak*: 228). Unabhängig von dem möglicherweise vorhandenen Anklang an Malthus (den wir natürlich nicht teilen) kommt Hardin zu dem Schluss, dass es einer „grundlegenden Ausweitung der Ethik" bedarf (hier trifft er sich mit Hans Jonas). Die erforderliche Ausweitung sieht er in einer Verbreitung von ökologischem Bewusstsein und ... im Eingreifen „der Regierung" (Letzteres halten wir für eine Illusion, doch dazu weiter unten).

Auch Nowak untersucht nur zwei Alternativen: Die Verhaltensänderung der Individuen (Aufklärung und Einsicht in die dringendsten Notwendigkeiten) und das Eingreifen einer höheren, regulierenden Instanz (in Form einer Regierung). Er berichtet von einem Experiment, das Manfred Milinski mit 156 Bachelor-Studierenden durchführte, bei der es darum ging, herauszufinden, wie sich angesichts der Tragik der Allmende rationales Verhalten durchsetzen kann. (Die Studierenden hatten sich aufgrund einer Anzeige im Hamburger Abendblatt gemeldet). Die Mitspieler wurden in 26 Gruppen zu je sechs Teilnehmenden eingeteilt. Es ging darum, herauszufinden, ob sie ihr Geld dafür einsetzen würden, um in einem Öffentlichen-Güter-Spiel das Weltklima zu schützen. Nowak fasst das Ergebnis so zusammen:

> „Wie die Forscher herausfanden, verhalten sich Mitspieler durchaus altruistisch, um das Weltklima zu schützen, wenn die Rahmenbedingungen stimmen. Die erste Zutat zur Kooperation war Information. Die Studenten verhielten sich eher altruistisch, wenn sie mit aktuellem Expertenwissen aus der Klimaforschung versorgt wurden. Und wenn die Mitspieler ihre persönlichen Beiträge zum Klimaschutz öffentlich anstatt anonym leisten durften, erhöhten sich diese spürbar. Der Faktor Reputation, so Milinski, wirkte sich überraschend stark aus. Menschen werden gerne dabei wahrgenommen, wenn sie sich für einen guten Zweck einsetzen." (*Nowak*: 235)

Trotz der Tatsache, dass Nowak sehr wohl auch Netzwerke im Blick hat, kommt bei ihm (und erst recht bei den ausschließlichen Spieltheoretikern) die politische Dimension einer kollektiven Willensbildung und Beschlussfassung nicht vor. Letztlich basiert dies auf einer falschen Einschätzung der Rolle des Staates, der nicht als der Interessenverwalter einer herrschenden Klasse begriffen wird, sondern als eine von Klasseninteressen unabhängige Instanz. Nur dann kann man auf die Idee kommen, die „Gruppe der G-8-Staaten" (sic) könne etwa zur Lösung der Klimakrise kooperieren (über das Einzelinteresse egoistisch handelnder Individuen hinweg).

Unabhängig von dieser – nicht unwichtigen – Einschränkung bleiben die umfangreichen Forschungsergebnisse von Nowak bahnbrechend. Mit seiner Zusammenführung von Evolutionswissenschaft und Spieltheorie gelang es ihm, nachzuweisen, dass „natürliche Kooperation' [...] ein Grundprinzip der Evolutionstheorie" ist. (*Nowak*: 306) „Sie [die Kooperation] ist die Chefarchitektin dessen, was die Evolution in vier Milliarden Jahren zustande gebracht hat." (ibid.).

Gleichzeitig müssen wir aber auch festhalten: Die ausgeklügelten Computerprogramme sind sicherlich sehr valide, aber eben nur für die jeweils – mathematisch erfassbaren und darstellbaren – Konstellationen, um die Wahrscheinlichkeiten dieser und jener Begegnungen und die Ausbreitung bestimmter Populationen und Strategien durchzuspielen. Aber sie sind nicht in der Lage, die Ergebnisse von Kommunikation (unmittelbare Absprachen und Überzeugungsprozesse) in ihre Untersuchungen einzubeziehen. Elinor Ostrom weist nach, dass die Spieltheorie das Gemeinressourcen-Dilemma (die Tragik der Allmende) nur dann bestätigt, wenn die Beteiligten die Reputation des anderen nicht kennen und wenn es keine Kommunikation unter den Beteiligten gibt. Wenn es jedoch zu einem Austausch kommt (erst recht, wenn dies von Angesicht zu Angesicht geschieht), dann sind Vereinbarungen zur gemeinsamen Steigerung des Nettoertrags sehr wohl möglich und auch nachweisbar. Und was keine Kleinigkeit ist: Von außen auferlegte Regulierungen töten das freiwillige Kooperationsverhalten ab. Kooperation gelingt – nicht überraschend – dann am besten, wenn sich die Betroffenen einigermaßen gut kennen.

Erst recht können Computerprogramme der Spieltheorie keine politischen Prozesse reflektieren, die – im Unterschied zur sonstigen Natur – die Besonderheit und das Potential der menschlichen Gemeinschaft ausmachen. Dies in die Betrachtung der menschlichen Natur aufzunehmen, erfordert die Aufarbeitung politischer (und philosophischer) Erkenntnisse und ihre fruchtbare Anwendung auf die heutige Realität menschlicher Existenz. Kritisch müssen wir aber auch zum Untersuchungshorizont der Bloomington School anmerken: Elinor und Vincent Ostrom blenden die engen Grenzen einer kooperativen Arbeit und Konfliktlösung aus, die durch das systemisch bedingte Konkurrenzprinzip der Warenproduktion vorgegeben sind. Es ist bezeichnend, dass sie sich auf die Kooperation der betroffenen Fischer, Waldbauern etc. unter Beibehaltung des bestehenden Staates und der existierenden Produktionsverhältnisse fokussieren, aber nicht der

Frage nachgehen, wie denn eine gesamtgesellschaftliche Kooperation und Verteilung bewerkstelligt werden könnte. Hier sind die ideologischen Scheuklappen wohl doch zu wirksam. Auf der Basis der Bloomington School kann deshalb auch keine Perspektive für die Lösung der großen Herausforderungen entwickelt werden, vor denen die Menschheit heute steht.

Kooperation aus Sicht der Neurobiologie

Joachim Bauer, Professor für Psychoneuroimmunologie, forscht seit Jahrzehnten zu den inneren Antrieben des Menschen aus neurobiologischer Sicht. Auch er gehört zu der inzwischen breit gewordenen Gemeinschaft von Forschern, die frei von ideologischen Vorurteilen (beziehungsweise nicht haltbaren Prämissen) nur das als Forschungsergebnisse präsentieren, was sie auch beweisen können. So hat die Forschung zu Genen, zu den Treibstoffen der Motivationssysteme (Dopamin, endogene Opioide und Oxytocin) oder etwa zu den Auswirkungen psychischer Prozesse auf die Biologie der Menschen in den letzten Jahrzehnten gewaltige Fortschritte gemacht.

Bauer hat die neueren Erkenntnisse in seinem Buch „Prinzip Menschlichkeit“ zusammengefasst und für Laien nachvollziehbar erläutert.[82] So wendet er sich vehement gegen die Soziobiologie, die er als Science Fiction bezeichnet. Ihr bekanntester Vertreter ist Richard Dawkins, der zwar über das „egoistische Gen“ fabuliert hat, selbst aber (wie auch die meisten anderen Vertreter der Soziobiologie) nie zu Genen geforscht hat. Auch Jahrzehnte nach der Veröffentlichung seines Buchs „The Selfish Gene“ (deutsch: „Das egoistische Gen“) und mit dem Vorliegen gut dokumentierter Untersuchungen von tatsächlichen Genetikern rückt Dawkins nicht von seiner Theorie der autonom wirkenden Gene ab. Bauer stellt klar: Die Vermehrung von Lebewesen basiert auf der Verdoppelung der DNA:

> „Eine solche Verdoppelung aus sich selbst heraus ist nicht möglich, sie ist ein in höchstem Maße kooperativer Prozess. Die Replikation (Selbstkopie) von DNA ist undenkbar ohne Helfermoleküle[83], die mit der Erbsub-

82 Bauer, Joachim: *Prinzip Menschlichkeit. Warum wir von Natur aus kooperieren*, München (Wilhelm Heyne Verlag) 2008[5]

83 In der Fußnote schreibt Bauer: „Bei diesen Molekülen handelt es sich unter anderem um Helikasen, Polymerasen und Terminasen.“

> stanz eine kooperierende Einheit bilden. Aber auch jenseits der Gene stellen kooperative Mechanismen die Grundlage allen Lebens dar. Das Leben einer Zelle könnte nicht funktionieren ohne ein kooperierendes Zusammenwirken der Erbsubstanz, der sie umgebenden Eiweißstoffe (Proteine), der in der Zelle vorhandenen Organellen (Untereinheiten der Zelle mit besonderen Funktionen) und der die Zelle begrenzenden Membranen. Allein durch Darwins Prinzipien der Variation und Selektion lässt sich weder die Entstehung der Zelle noch die Bildung mehrzelliger Lebewesen, noch die Entwicklung höherer (komplexer) Lebensformen aus einfacheren Vorstufen erklären. Alle drei Phänomene hätten ohne *Kooperation als primärem, eigenständigem biologischem Prozess* nicht zustande kommen können." (*Bauer* 2006: 131 f., Hervorhebung im Original)

Dawkins Theorie gehört zum Herzstück der sogenannten Soziobiologie, basiert aber auf keinen eigenen wissenschaftlichen Studien. Wenn sie weiterhin so verbreitet ist, dann hat das eher psychologische (und nicht zuletzt politische Gründe), denn damit lässt sich recht bequem von gesellschaftlichen (also von Menschen verursachten) Fakten ablenken, mindestens aber das eigene Verhalten rechtfertigen. „Wie schon Darwin, so interpretiert auch die Soziobiologie die belebte Natur quasi als ein marktradikales System von Wirtschaftsunternehmen. Das biologische Verhältnis der beiden Geschlechter, so führt Dawkins aus, entspreche dem von Geschäftsleuten." (*Bauer* 2006: 144 f.)

An dieser Stelle können die weiteren wissenschaftlichen Ausführungen Bauers nicht im Detail referiert werden. Wir konzentrieren uns auf wesentliche Schlussfolgerungen: Gene funktionieren im Verbund mit anderen Bauteilen der verschiedenen Lebewesen. Im Gegensatz zu dem, was Dawkins und seine Adepten behaupten, funktionieren sie als „biologische Kooperatoren und Kommunikatoren" (*Bauer* 2006: 9) Gene sind nicht autonom und können ihre Funktion nur im „engen Zusammenspiel mit der Umwelt wahrnehmen" (*Bauer* 2006: 58). Gene können also nur im Zusammenwirken mit vielen Biomolekülen in Funktion treten. „Gene kommunizieren permanent mit der Umwelt, sie sind die großen Kommunikatoren unseres Körpers. Gene sind sowohl in ihrer Beziehung untereinander als auch gegenüber der Umwelt ein kooperierendes Netzwerk." (*Bauer* 2006: 162)

Was bis vor wenigen Jahrzehnten nur erahnt und indirekt erschlossen wurde, ist inzwischen nachgewiesen: Gene reagieren auf die Umwelt und können dabei aktiviert oder faktisch ausgeschaltet werden.

„Zusammenspiel und Resonanz kennzeichnen alle bedeutsamen biologischen Strukturen und Prozesse, von der DNA-Doppelhelix (einer Spiegelstruktur) über die Passung von Biomolekülen und ihren Rezeptoren bis hin zum Zusammenwirken von Zellen im Rahmen von Organen und Organismen. Gene sind per se hochgradig kooperative Systeme und reagieren zudem unablässig auf Umweltsignale, an die sie sowohl ihre Arbeitsweise als auch ihre epigenetischen Strukturen anpassen können." (*Bauer* 2006: 224, Hervorhebung im Original)

Für unsere Betrachtung besonders interessant ist die Tatsache, dass Kooperation aus der Existenz von Lebewesen nicht wegzudenken ist. Bauer kommt (nicht nur in der Abrechnung mit der Soziobiologie und speziell mit Dawkins) zu dem Schluss: *„Dass Lebewesen leben wollen, ist eine Tautologie. Dass die zentralen Antriebe lebender Systeme darauf ausgerichtet sind, sich maximal zu verbreiten und gegeneinander zu kämpfen, ist hingegen Ideologie.* Sie blendet – wie jede Ideologie – alles aus, was sie in Frage stellen könnte." (Bauer: 223, Hervorh. im Original) In ähnlicher Weise wie Nowak und andere Biologen oder Mediziner fasst Bauer zusammen: „Wir sind – aus neurobiologischer Sicht – auf Resonanz und Kooperation angelegte Wesen. Kern aller menschlichen Motivation ist es, zwischenmenschliche Anerkennung, Wertschätzung, Zuwendung oder Zuneigung zu finden oder zu geben." (*Bauer* 2006: 23)

Wie kommt Bauer (und wie kommt die Neurowissenschaft) zu diesen Schlussfolgerungen? Hier spielen die Forschungen zu den Motivationssystemen eine große Rolle. Das Ziel der Motivationssysteme besteht darin, gelingende Beziehungen mit anderen Individuen oder Gruppen herzustellen. Dies betrifft alle möglichen Formen sozialen Zusammenwirkens und nicht nur die persönlichen Beziehungen. Nach Bauer ist jeder Mensch von Natur aus bemüht, als Person gesehen und ernst genommen zu werden.

> „Dopamin und Oxytocin bilden ein kooperierendes, aufeinander abgestimmtes System: Die Motivationsdroge Dopamin spielt für *alles* motivierte Tun eine zentrale Rolle und damit auch für das Eingehen von dauerhaften Bindungen. Wenn es jedoch darum geht, ein ‚soziales Gedächtnis' auszubilden, also zu erinnern, wen man kennt und wen nicht, erst recht aber, wenn es darum geht, feste Bindungen einzugehen,

dann reicht Dopamin *allein* nicht aus. Hierfür ist Oxytozin als zweiter, zusätzlicher Botenstoff von unersetzlicher Bedeutung. [...] Zusätzlich kann sich Oxytocin auch direkt an die Strukturen der Dopamin-Achse anheften. Dies hat zur Folge, dass die Motivation speziell gegenüber solchen anderen Individuen verstärkt wird, mit denen positive soziale Erfahrungen gemacht werden konnten.“ (*Bauer* 2006: 48 f., Hervorhebungen im Original)

Allerdings – und darauf geht Bauer nicht näher ein – sind die Kontakt- und Bindungsbestrebungen nicht die einzigen Verhaltensweisen von Menschen in einer Gemeinschaft. Je nach geschichtlich bedingter Art des Zusammenlebens treten bei unterschiedlichen Menschen auch andere Motivationen in den Vordergrund und verdecken die von Natur aus naheliegenden Dispositionen. (Wir kommen auf diesen Umstand weiter unten zurück). Bauer führt aber sehr wohl auch an und unterstreicht dies nachdrücklich: Aggression hat die Tendenz, weitere Aggression hervorzurufen, was häufig zu Kreisläufen der Gewalt führt (*Bauer* 2006: 94).

Bauer nennt drei Gründe, weshalb der Mensch aus (neuro)biologischer Sicht ein Beziehungswesen ist: Erstens sind die Motivationssysteme des Gehirns wesentlich auf Kooperation und Zuwendung ausgerichtet. Zweitens führen schwere Störungen wichtiger zwischenmenschlicher Beziehungen zu einer Aktivierung der Stresssysteme (Deaktivierung der Motivationssysteme und Aktivierung der Stresssysteme können zu gesundheitlichen Störungen führen). Drittens spielt das System der Spiegelnervenzellen (Spiegelneuronen) eine bedeutende Rolle. Spiegelneuronen sind dafür verantwortlich, dass wir das, was wir bei anderen Individuen wahrnehmen, mit einer stillen inneren Simulation nacherleben.[84]. Bauer fasst das Ergebnis einschlägiger neurowissenschaftlicher Forschungen so zusammen:

„*Nicht der Kampf ums Dasein, sondern Kooperation, Zugewandtheit, Spiegelung und Resonanz sind das Gravitationsgesetz biologischer Systeme.* [...] Auf der Ebene der Zellen kommen Zugewandtheit, Spiegelung und Resonanz im Signalaustausch zwischen Einzelzellen, aber auch in der Fähigkeit von Zellen zum Ausdruck, mehrzellige Lebewesen (und in Orga-

84 Mehr dazu in Bauer, Joachim: *Warum ich fühle, was du fühlst. Intuitive Kommunikation und das Geheimnis der Spiegelneurone.* Hamburg (Hoffmann und Campe) 2005

nismen Organe) zu bilden. Auf der Ebene höherer Lebewesen werden Zugewandtheit, Spiegelung und Resonanz über die Sinnesorgane vermittelt und durch koordinierte, aufeinander abgestimmte Verhaltensweisen zum Ausdruck gebracht." (*Bauer* 2006: 132 f. Hervorhebung im Original)

Es soll an dieser Stelle allerdings auch angemerkt sein: Nicht alle Schlussfolgerungen neuerer Forschungsergebnisse – besonders jene Bauers zu den Spiegelneuronen – sind unumstritten. Deren Funktionsweise und spezifischen Wirkungen sind (noch) nicht zweifelsfrei geklärt. Andreas von Westphalen gibt in seinem Buch „Die Wiederentdeckung des Menschen" einen passablen Überblick zu den neueren Forschungsergebnissen von Biologie und Psychologie, lässt aber die gebotene Skepsis gegenüber der von Bauer dargestellten Wirkungen der Spiegelneuronen vermissen.

Was die Psychologie seit mehr als hundert Jahren vermutet (beziehungsweise sich erschließt, ohne es biologisch nachweisen zu können), wurde in den letzten Jahrzehnten von der Neurowissenschaft nachgewiesen: Vorgänge im Gehirn machen aus bestimmten psychischen Prozessen biologische Abläufe. Das kann zu körperlichen Veränderungen und auffälligen organischen Befunden führen. Mit anderen Worten: Was Menschen in ihrer (menschlichen) Umwelt erleben (vor allem unter psychischen Belastungen), wird nicht nur vom Gehirn registriert, sondern auch in körperliche Signale übersetzt.

Darwin mag man differenziert sehen, so wie Andreas von Westphalen das tut. Er zitiert Darwin: „Wenn der Mensch in der Zivilisation vorschreitet und kleine Stämme sich zu größeren Gemeinschaften verbinden, so wird der schlichteste Verstand jedem Individuum sagen, dass es seine geselligen Instinkte und Sympathien auf alle Mitglieder des Stammes ausdehnen müsse, mögen sie ihm auch persönlich unbekannt sein. Ist das einmal erreicht, so verhindert nur noch eine künstliche Schranke, dass er seine Sympathie auf die Individuen aller Völker und Rassen erstreckt."[85]

Doch trotz aller Rettungsversuche, die die Darwinisten immer noch betreiben, bleibt es ein Fakt, dass Darwin – und erst recht der Verbreiter sei-

85 Zitiert nach Andreas von Westphalen: *Konkurrenz oder Kooperation? Das ist die entscheidende Frage.* https://www.telepolis.de/features/Konkurrenz-oder-Kooperation-Das-ist-die-entscheidende-Frage-4647091.html (Zugriff 30.11.2023)

ner Ideen Ernst Haeckel – die Natur als einen beständigen Kampf der Lebewesen gegeneinander beschrieb. Deshalb fragt man sich gewiss: Stehen die Forschungsergebnisse der Biologen insgesamt und der Neurobiologen im Besonderen nicht in eklatantem Widerspruch zum sonstigen „Stand der Wissenschaft" und zu unseren eigenen persönlichen wie auch politischen Erfahrungen? Ist es nicht so, dass das in weiten Teilen der Gesellschaft geteilte Bild von der Natur des Menschen all diesen Forschungsergebnissen diametral widerspricht?

Nur auf den ersten Blick. Denn wir dürfen die auffällig wahrnehmbaren – und in der heute vorhandenen Gesellschaftsordnung dominanten – Verhaltensweisen nicht mit den Einstellungen und Handlungsweisen verwechseln, die Menschen an den Tag legen, wenn sie nicht durch äußere Faktoren (auch Zwänge) zu bestimmten Verhaltensweisen gedrängt werden.

Immer noch stehen Teile der Wissenschaft und vor allem die populärwissenschaftlichen Darstellungen und die politische Propaganda der Herrschenden unter dem Einfluss Darwins beziehungsweise des Darwinismus. Wir müssen klar unterscheiden zwischen Darwins großer Leistung (die Entwicklung der Arten entdeckt zu haben) und dem heutigen Stand der Wissenschaft bei der Erklärung der Evolution einerseits und was andererseits das grundlegende Prinzip biologischer Systeme ist. Hier nämlich gilt inzwischen als gesichert, dass die Evolution nur aus dem Zusammenwirken von Selektion, Mutation und Kooperation erklärt werden kann. Dass die Akzeptanz des Darwinismus – vor allem in den USA – immer noch sehr verbreitet ist und häufig sogar als Beleg für „scientific correctness" gilt, hat seinen Grund: Diese Erklärung des Naturgeschehens und vor allem der Natur des Menschen stützt die Erklärung – und Legitimierung – der vorhandenen Wirtschaftsordnung. *„Darwin sah die Evolution – ohne dies bewusst zu reflektieren – als eine Ansammlung von marktwirtschaftlichen Unternehmen, bei denen es ausschließlich darum geht, ob eingebrachte Investitionen zu Produkten führen, [d]ie sich auf dem Markt gegen Konkurrenz behaupten, wobei der Konkurrenzkampf darüber entscheidet, welches Unternehmen sich auf dem Markt durchsetzen kann."* (*Bauer* 2006: 125, Hervorhebung im Original)

Der Mensch aus Sicht der Verhaltenspsychologie

Dass Lebewesen ohne die Säule Kooperation gar nicht entstehen und erst recht nicht funktionieren können, muss inzwischen als gesicherte wissenschaftliche Erkenntnis gelten. Bezogen auf den Menschen haben weitere Wissenschaftszweige wesentliche Erkenntnisse zur Bedeutung der Kooperation beigetragen.

Den Menschen als ein seit zwei Millionen Jahren unveränderliches Wesen gibt es nicht. Wir müssen – das legen vor allem die Forschungsergebnisse der Biologen wie auch der Anthropologen nahe – von einer kumulativen kulturellen Evolution und von einer Koevolution von Genen und Kultur ausgehen. Auch das Sprachvermögen (und die Disposition zum Erlernen von anderen Sprachen als der „Muttersprache") entwickelte sich im Verlauf der Zeit (und zwar nicht im Verlauf weniger Tausend Jahre).

Diverse Forschungen auf dem Gebiet der Verhaltenspsychologie geben uns wichtige Hinweise auf das, was die Natur des Menschen ausmacht. So zeigt sich, dass es zu einer der wichtigsten menschlichen Fähigkeiten gehört, gemeinschaftlich Aufgaben anzugehen und Probleme zu lösen. Am unverfälschtesten lässt sich dies bei der Beobachtung von Kleinkindern nachweisen. Im Alter von neun bis zwölf Monaten nehmen Kleinkinder mehr als nur eine Person oder ein Ding wahr und verbinden sie in einer dreiseitigen Interaktion. Diese frühen Triaden sind der Ausgangspunkt für Kooperation.

In die Lücke der bisherigen wissenschaftlichen Erkenntnisse der Anthropologie und Verhaltensforschung stießen Forschungen am *Max-Planck-Institut für evolutionäre Anthropologie* (Leipzig) unter der Leitung von Michael Tomasello. In den 2000er Jahren haben sein Team und er die ungefilterten Reaktionen von Kindern im Alter von acht Monaten bis drei Jahren auf Ereignisse um sie herum untersucht. Sie fassen die Ergebnisse der Studien zur Kooperation von Kleinkindern folgendermaßen zusammen: „Eine der bemerkenswertesten menschlichen Fähigkeiten ist es, gemeinsam an Problemen oder Aufgaben zu arbeiten, die allein nicht zu bewältigen wären. Studien zur frühen Entstehung dieser kooperativen Fähigkeiten bei Kleinkindern zeigen, dass diese bereits über ein arttypisches Können und Wollen der *geteilten Intentionalität* verfügen. Sie umfasst die Fähigkeit, Ziele und Aufmerksamkeit gemeinsam mit anderen zu entwickeln, und die gemeinschaftliche Motivation, anderen zu helfen und mit ihnen zu teilen."[86]

Die Untersuchungen wurden von der folgenden Fragestellung geleitet: Für welche Denkrichtung gibt es wissenschaftlich nachweisbare Belege, für die Schule von Hobbes (nach der die Menschen von Natur aus egoistisch sind) oder für die von Rousseau (nach der die Menschen in ihrem „Naturzustand" kooperativ sind, aber von der Gesellschaft zu egoistischen Wesen geformt werden)? Das in unserem Zusammenhang besonders Interessante an den Ergebnissen der Experimente, die Tomasellos Team am Max-Planck-Institut in Leipzig durchführte, wollen wir hier kurz resümieren.

Untersucht wurden die Reaktionen von Kindern im Alter von vierzehn bis achtzehn Monaten auf Aktivitäten und Verhaltensweisen von anderen Kindern und von Erwachsenen. Alle Untersuchungen wurden mittels Kontrolluntersuchungen geprüft. So konnten die Kinder beispielsweise Erwachsene wahrnehmen, die eine Schranktür öffnen wollten, es aber nicht konnten, weil sie die Hände voll hatten. In einer Studie halfen 22 von 24 Kindern „mindestens in einem Fall, und dies praktisch sofort."[87]. Aus der Gesamtheit der Studien schlussfolgert Tomasello, dass Kinder schon ab dem Alter von einem Jahr spontan kooperativ und hilfsbereit sind, und zwar, ohne dies abgeschaut zu haben. Diese offensichtlich angeborene Einstellung wird später eingeschränkt „durch die zu erwartende Reziprozität [Gegenseitigkeit] und ihre Sorge um die Beurteilung durch andere Gruppenmitglieder, was wiederum von grundlegender Bedeutung für die Entwicklung der menschlichen Kooperativität per se war." (*Tomasello*: 19 f.)

Die Akteure, also die Kleinkinder, stimmen ihre Rollen ab und unterstützen die jeweils andere Person. Das Team hat diese Reaktionen auch mit Reaktionen von anderen Primaten verglichen. So zeigte sich, dass Kinder über ein arttypisches Können und Wollen der geteilten Intentionalität verfügen, also spontan kooperieren, um bestimmte Aufgaben zu bewälti-

---

86 *Kooperation bei Kleinkindern,* zusammengefasst von den Wissenschaftlern der Abteilung für Vergleichende und Entwicklungspsychologie Michael Tomasello und Katharina Hamann. Abteilung für Vergleichende und Entwicklungspsychologie (Tomasello), Max-Planck-Institut für evolutionäre Anthropologie, Leipzig https://www.mpg.de/4658054/Kooperation_bei_Kleinkindern

87 Tomasello, Michael: *Warum wir kooperieren,* Berlin (Suhrkamp) 2010 S. 21; Zitate jeweils nach der 4. Auflage (2017)

gen. Und nicht nur das: Auch altruistisches Verhalten konnte nachgewiesen werden.

Diese Beobachtungen decken sich mit dem, was Nowak und andere zur Bedeutung der Reziprozität und speziell zur „Macht der Reputation" (*Nowak*: 2013: 69 ff.) schreiben. Sowohl alle einschlägigen Untersuchungen zum „Gefangenendilemma" als auch die Forschungen von Nowak und anderen unterstreichen die besondere Rolle von reziprokem Verhalten. Tomasellos Studien belegen nun: Kinder legen im frühen Alter – zu einem Zeitpunkt also, zu dem sie noch von niemand in diese Richtung hin „erzogen" wurden – altruistisches Verhalten an den Tag, aber sie unterscheiden zunehmend, gegenüber wem sie besonders (oder überhaupt) hilfsbereit sind. In diesem frühen Alter sind sie aber bereit (auch selbstlos und unter Opfern!), denen zu helfen, die vorher nett zu ihnen oder zu anderen waren.

So kommt Tomasello – ähnlich wie viele Pädagog:innen, die das Verhalten von Kleinkindern untersuchten – zu dem Ergebnis, dass der menschliche Altruismus „keine universelle Eigenschaft" ist. Altruismus kann zwar als angeborene menschliche Verhaltensweise nachgewiesen werden, ist aber grundsätzlich mit direkter oder indirekter Reziprozität verknüpft. So schreibt etwa Nowak: „Ein altruistischer Akt entsteht nur dann, wenn die Verheißung der Zukunft – die Aussicht auf künftige Vorteile – den dafür zu zahlenden Preis übersteigt." (*Nowak*: 81) Mit anderen Worten: Menschen sind nur dann (selbstlos) hilfsbereit, wenn sie dafür entweder eine direkte Dankbarkeit der betroffenen Person(en) erwarten oder wenn sie damit indirekt etwas gewinnen, und zwar über die Steigerung ihrer Reputation (ihres positiven Rufs), was ihnen seitens anderer (also dritter Personen) Hilfe oder zumindest mehr Anerkennung einbringt. Zumindest bei Nowak herrscht bei der Bewertung und Einordnung von Altruismus noch zu viel nüchternes TIT FOR TAT-Denken vor. Allgemeinere, humanistische und politische Motive sind bei ihm, dem nüchternen Biologen und Spieltheoretiker, nicht „auf dem Schirm" und bedürfen ergänzender Erkenntnisse geschichtlicher, anthropologischer und philosophischer Untersuchungen.

Andreas von Westphalen schreibt: „Auch eine Untersuchung der Universität Utrecht bestätigt, dass der Mensch eher als Altruist geboren wird und kalkulierendes Verhalten, das vorwiegend auf den eigenen Vorteil abzielt, erst im Laufe des Lebens erlernt wird." (*von Westphalen*: 71)

Tomasellos Untersuchungen belegen schon für die Welt der Kinder, dass es drei Hauptarten des Altruismus gibt. Er kann wirksam werden für die (Weiter)gabe von Gegenständen, von Dienstleistungen oder von Informationen. Den Begriff „Informationen" sollte man hier nicht zu eng sehen. Dazu kann nämlich beispielsweise auch die Vermittlung von Fertigkeiten gehören. Besonders interessant ist ein weiteres Ergebnis der Studien des Teams von Tomasello zum Verhalten von Kleinkindern, denen noch kein Kalkül nahegebracht wurde: Gratifikationen fördern nicht die Hilfsbereitschaft. Im Gegenteil: Sie untergraben die spontane, uneigennützige Hilfe. Auch dies spricht meines Erachtens gegen die von Nowak vertretene These des ausschließlich kalkulierenden Altruismus.

> „Einige der Kinder bekamen jedesmal eine Belohnung, wenn sie geholfen hatten: ein kleines Spielzeug, mit dem sie einen aufregenden Effekt auslösen konnten, was ihnen sichtlich Vergnügen bereitete. Andere Kinder bekamen keinerlei Belohnung – nicht einmal ein Lächeln oder ein Dankeschön des Erwachsenen, der ihre Hilfe ohne jegliche Reaktion annahm. Die meisten Probanden halfen in fünf Fällen. Diese Kinder nahmen dann an einer zweiten Phase teil, in der sie wieder mehrmals die Gelegenheit hatten zu helfen. Dieses Mal zeigte der Erwachsene jedoch in keiner der Situationen eine Reaktion. Die Ergebnisse waren bemerkenswert. Die Kinder, die in der ersten Phase fünfmal belohnt worden waren, halfen im zweiten Teil *seltener* als diejenigen, die zuvor keine Belohnung bekommen hatten. [Tomasello verweist sodann auf vergleichbare Studien des in Stanford lehrenden Psychologen Mark Lepper und führt danach aus:] Im Fall einer intrinsisch belohnten Tätigkeit untergraben extrinsische Belohnungen diese intrinsische Motivation – sie wird auf die Belohnung externalisiert." (*Tomasello*: 23)

Precht kommt aufgrund dieser und ähnlicher Untersuchungen zur Anwendung von Belohnungen zu dem Schluss: „Aus einer unbedingten Hilfsbereitschaft war eine bedingte Hilfsbereitschaft geworden."[88]

Das soll nun nicht heißen, dass Dankbarkeit und Ermutigung schädlich wären. Aber dies darf nicht mit Belohnung verwechselt werden. Auf die Stärkung des persönlichen Gleichgewichts, der Selbstsicherheit und der Verbundenheit mit den Mitmenschen kommt es an.

---

88 Precht, Richard David: *Die Kunst, kein Egoist zu sein. Warum wir gerne gut sein wollen und was uns davon abhält,* München (Goldman) 2012, S. 315

Joan B. Silk führt an, dass „neueste Ergebnisse der Neurobiologie belegen, daß wir bei philanthropischen Handlungen eine intrinsische Belohnung empfinden." (in Tomasello: 93) Intrinsische Motivation entspricht nicht nur der Natur des Menschen, sie ist auch dauerhafter als eine auf extrinsische Motivation umgepolte Bedürfnisstruktur, wie sie in der Warengesellschaft gefordert und gepflegt wird.

„Das kapitalistische Menschenbild geht ebenso wie der Behavorismus von der extrinsischen Motivation des Menschen aus." (*von Westphalen*: 103) Dieser Schlussfolgerung ist uneingeschränkt zuzustimmen. Denn der Kapitalismus bringt den Kapitaleignern dann den größten Profit, wenn sie die Menschen unablässig zum Kaufen und Konsumieren bewegen können. Für die Aufrechterhaltung und Steigerung der Produktion spielt die Werbung eine ganz wesentliche Rolle. Man will uns weismachen, dass wir keine eigenen (intrinsischen) Bedürfnisse haben. Wir sollen die von der Werbeindustrie (bzw. von den produzierenden Unternehmen, auch im Dienstleistungssektor) suggerierten Bedürfnisse übernehmen (uns also extrinsisch motivieren lassen). Damit wird den Menschen die Entfaltung ihrer eigenen Bedürfnisse und Fähigkeiten erschwert und es wird ihnen mit der Zeit auch die Neugierde am Lernen verleitet.

Wenn wir begreifen, dass extrinsische Motivation die intrinsische Motivation des Altruismus untergräbt, dann verstehen wir auch besser, warum Reformpädagogen (etwa Jean Piaget, obwohl dieser nun wahrlich keinen sozialistischen Standpunkt vertritt) so großen Wert auf die Stärkung des Selbstvertrauens und des Vertrauens in die Menschheit (zumindest auf die Möglichkeiten der Menschheit) legen. Demnach trägt induktive Erziehung am besten zur Internalisierung von sozialen Normen und Werten bei. So schreibt Freya Pausewang: „Verwöhnte Kinder sind [...] keine starken Kinder. Kinder brauchen auch nicht den Überfluss, um glücklich zu sein. Innere Werte bedeuten ihnen mehr als äußerer Besitz. Erst im Vergleich mit Gleichaltrigen wird dem Kind ein ‚Mangel' an Besitz bewusst."[89]

Wenn eine Anstrengung des Kindes materiell „belohnt" wird, dann reicht ihm das Ergebnis und die Freude am Erfolg nicht mehr aus. Wenn diese Einstellung prägend wird und ins Erwachsenenleben mitgenommen

---

89 Pausewang, Freya: *Macht mich stark für meine Zukunft! Wie Eltern und ErzieherInnen die Kinder in der frühen Kindheit stärken können.* München (oekom) 2012, S. 17

wird, dann strebt der Mensch häufiger nach materieller Belohnung. Freya Pausewang dazu:

> „Ethische Werte rücken vom Sein zum Haben. Der Konsumwunsch steigt. Deshalb ist es keine stark machende Erziehung, wenn das Kind Genussmittel als Belohnung für einen Einsatz als Regel erwartet. Wenn das Erfolgserlebnis selbst an erster Stelle der Befriedigung und der Freude über den eigenen Einsatz steht, wächst das Kind an sich selbst. Es erlebt sich selbst im Sein und nicht im Haben. Es wertet sich an der Leistung und bemüht sich für ein angestrebtes Ergebnis und nicht wegen einer materiellen Belohnung. Sich gut zu fühlen, weil etwas gelungen ist, wirkt auf die Persönlichkeitsbildung weit positiver und stärkender als das Wohlgefühl durch materiellen Genuss." (*Pausewang*: 78)

Dies steht allerdings im krassen Gegensatz zum herrschenden Leitgedanken im Kapitalismus, nach dem die Firmen um mehr Wachstum und um den Verkauf von immer mehr Waren konkurrieren.

Tomasello macht deutlich, dass Kinder nicht so bleiben, wie sie im Alter von ein oder zwei Jahren beobachtet werden können. Mit zunehmendem Alter werden sie mit der Konformitätsnorm konfrontiert und versuchen herauszufinden, was sie tun sollen, und zwar nicht nur in ihrem unmittelbar wirksamen Verhalten. Über direkte Rückkopplung werden schon in frühem Alter Normen und Werte vermittelt. Hier spielt die Autorität der Erwachsenen eine prägende Rolle. Aber auch die Gegenseitigkeit, die Interaktion mit Gleichgestellten (mit der Peergroup) hat für die Selbstsicherheit des Kindes einen hohen Stellenwert. Und, was Tomasello nicht ausführt: Ab dem Alter von spätestens drei Jahren spielt die Instanz des älteren Kindes für die Orientierung in der Werteordnung eine ähnlich große Rolle wie für das unmittelbare Lernen von Fertigkeiten und in gewissem Umfang auch für die Sprachentwicklung.

Wichtig für unsere Betrachtung von Kooperation und Konkurrenz: Aus Tomasellos Untersuchungen haben sich folgende Fakten herausgeschält: Schon bei Kleinkindern gibt es eine „geteilte Intentionalität", d. h. Kinder unterstützen spontan das Bemühen der anderen Person – ganz gleich, ob ErwachseneR oder Kind – und machen sich damit zu einem Teil „einer größeren ‚Wir'-Intentionalität" (*Tomasello*: 43) „Bei kooperativen Aktivitäten gibt es ein gemeinsames Ziel, das gegenseitige Abhängigkeit schafft und ein ‚Wir'-Gefühl hervorruft." (*Tomasello*: 44)

Noch im Alter von anderthalb Jahren sind Kinder spontan und unterschiedslos altruistisch und helfen. Man muss annehmen, dass in diesem Alter eine Gegenseitigkeit TIT FOR TAT (Wie du mir, so ich dir) noch keine Rolle spielt, weil sie sich in dieser Phase noch weder auf entsprechende eigene Erfahrungen noch auf das Ergebnis von Erziehungstätigkeit stützen kann. Man ist geneigt, anzunehmen, dass hier die Gene ins Spiel kommen, also eine vererbte Eigenschaft des Menschen, die sich über Tausende von Generationen herausgebildet hat (so jedenfalls sind die Ergebnisse der Evolutionsforschung von Nowak und anderen zu lesen).[90]

Das zweite wesentliche Fazit aus Tomasellos Untersuchungen: Der Mensch bleibt nicht in demselben Maß – und schon gar nicht unterschiedslos – altruistisch. Mit der Zeit lernen Kinder „selektiv zu helfen, zu informieren und zu teilen. Gleichzeitig lernen sie, ihren Eindruck auf andere – ihren öffentlichen Ruf – zu gestalten und dadurch auch Handlungen anderer in bezug auf sich selbst zu beeinflussen.“ (*Tomasello*: 45 f.) Somit steht für Tomasello fest (und dem ist nur schwer zu widersprechen), dass die Entwicklung des Altruismus durch die Sozialisation beeinflusst wird. Aber Tomasello unternimmt – wahrscheinlich bewusst – keinen Versuch, dies zu erklären. Ich wage eine – zugegebenermaßen eher vorläufige – Erklärung: In dem Maße, wie Kinder mit mehr Personen als nur den eigenen Eltern zu tun haben, lernen sie, dass Menschen (ältere Kinder und vor allem andere Erwachsene) sich in unterschiedlichem Maß um sie kümmern, sie umsorgen. Insofern ist die Verwandtenselektion (kin selection) eine plausible Erklärung für das Ausdifferenzieren altruistischen Verhaltens von Kindern.

Zur Ergänzung: Im Alter zwischen zwei und drei Jahren vollzieht sich eine gewichtige Änderung, die dazu führt, dass die Befriedigung der eigenen Interessen in den Vordergrund tritt, das Gefühl für Gerechtigkeit aber nicht nachlässt. Etwas später, im Alter von drei bis acht Jahren treten Bewusstseinsprozesse hervor, die das Wahrnehmen der Interessen anderer Personen wieder mehr in den Blick nimmt.[91] In diesem Lebensabschnitt werden – durch den Einfluss der Umgebung – für viele Menschen wichtige

---

90 Zu ähnlichen Ergebnissen kommen auch andere Untersuchungen; mehr dazu bei Wolf, Christian: *Altruismus bei Kindern: Helfen will gelernt sein!*, https://www.rnd.de/wissen/altruismus-bei-kindern-helfen-will-gelernt-sein-6SWGR6RWTQOD4U6LAHHAF3KACA.html

91 https://www.spektrum.de/news/altruismus-fuer-anfaenger/965825

Weichen gestellt (Ermutigung von Altruismus versus Fördern von Egoismus).

Nicht alle Schlussfolgerungen Tomasellos werden in der wissenschaftlichen Gemeinde geteilt. Verwiesen sei in diesem Zusammenhang auf Spelkes Vorbehalte gegenüber Tomasellos Sprachtheorie[92]. Als Anhänger von Chomskys Sprachtheorie der generativen Grammatik stimme ich Spelkes Darlegung zu, die sich meines Erachtens weitgehend mit Chomskys Theorie deckt. Chomsky erläutert seine mentalistische Erklärung des Sprachvermögens folgendermaßen:

> „Zusammenfassend läßt sich sagen, daß einer der fundamentalen Beiträge zur, wie wir sie genannt haben, ‚cartesianischen Linguistik' in der Beobachtung liegt, daß menschliche Sprache in ihrem normalen Gebrauch frei ist von der Kontrolle durch unabhängig identifizierbare Reize oder interne Zustände, und nicht beschränkt auf irgendeine praktische kommunikative Funktion ist, im Gegensatz beispielsweise zu der Pseudosprache der Tiere. Sie ist daher frei, um als Instrument freien Denkens und des Selbstausdrucks zu dienen. Die unbegrenzten Möglichkeiten des Denkens und der Vorstellung spiegeln sich im kreativen Aspekt des Sprachgebrauchs. Die Sprache bietet finite Mittel, jedoch infinite Möglichkeiten des Ausdrucks, die nur durch Regeln der Begriffsbildung und Satzbildung beschränkt sind, wobei sie teils speziell und idiosynkratisch, teils jedoch universal sind als allgemeine menschliche Veranlagung. Die in finiter Weise spezifizierbare Form jeder Sprache – modern gesprochen, ihre generative Grammatik [...] – stellt eine ‚organische Einheit' dar, die ihre Grundelemente miteinander verbindet und jeder ihrer Einzelmanifestationen zugrundeliegt, die an Zahl potentiell unbegrenzt sind."[93]

Übrigens ist Nowaks Geistesverwandtschaft mit Noam Chomsky unübersehbar. Vielleicht sollte man jedoch eher sagen: Sie teilen bestimmte methodische Vorgehensweisen, ohne sich politisch nahe zu sein, schließlich ist Chomsky ein ausgesprochen politisch engagierter Mensch. Die Theorien zur Entstehung und Entwicklung von Sprachvermögen sind naturge-

---

92 Elisabeth S. Spelkes Forumsbeitrag in Tomasello, Michael: *Warum wir kooperieren.* Berlin (Suhrkamp), 2010, im Folgenden zitiert nach der Auflage 2017[4], S. 108 – 123.

93 Chomsky, Noam: *Cartesianische Linguistik. Ein Kapitel in der Geschichte des Rationalismus,* Tübingen (Max Niemeyer) 1971, S. 41

mäß schwer zu verifizieren. Nowak und Chomsky vertreten hier zwei unterschiedliche Vorstellungen, aber es eint sie ihre Gegnerschaft zum Behaviorismus (niemand hat übrigens so überzeugend Frederic Skinner kritisiert wie Noam Chomsky). Wichtig für uns an dieser Stelle: Die Biologie (und speziell die Evolutionsforschung) wie auch die Linguistik kommen zu vergleichbaren Ergebnissen: Sprache fiel nicht vom Himmel, sondern hat sich auf der Grundlage von Kooperation entwickelt. Nowak kommt sogar zu dem Schluss: „Sprache und Kooperation entwickeln sich so in einer Koevolution." (*Nowak*: 199) Stephen Pinker: „Verglichen mit anderen Arten zeichnet sich der *Homo sapiens* durch zwei Züge aus: durch Technik und Kooperation zwischen zwei nicht miteinander Verwandten. Es ist sicher kein Zufall, dass wir zudem Sprache haben, das dritte, was uns anders macht."[94]

Ansonsten sind Tomasellos Forschungsergebnisse weithin anerkannt und decken sich in weiten Bereichen mit Forschungen, die andere (vor allem Pädagogen[95] oder auch Philosophen wie Matthieu Ricard[96]) veröffentlicht haben.

Das Verbindungsglied zwischen der allgemeinen Biologie und der (Verhaltens)psychologie ist die Neurobiologie, aber auch sie kann – zumindest beim heutigen Stand der Wissenschaft – nicht aufhellen, wie sich erwachsene Menschen verhalten, die noch nicht durch eine bestimmte Kultur beziehungsweise Zivilisation geprägt sind, die also noch nicht einer bestimmten gesellschaftlich bedingten „Existenzweise des Menschen" (*Fromm* 1979) unterworfen sind. Hier kann die Sozialpsychologie weiterhelfen.

Alfie Kohns Plädoyer gegen das Wettkampfdenken

In seinem Buch „No Contest"[97] geht Alfie Kohn ausführlich der Frage nach, welche Folgen das Wettkampfverhalten sowohl auf den einzelnen

94 Pinker, Stephen: *Der Sprachinstinkt. Wie der Geist die Sprache bildet*, Darmstadt (Wissenschaftliche Buchgesellschaft) 1996, hier zitiert nach *Nowak*: 214

95 Siehe dazu auch den Beitrag von Christian Wolf, a. a. O.

96 Ricard, Matthieu: *Allumfassende Nächstenliebe. Altruismus – die Antwort auf die Herausforderungen unserer Zeit*, Hamburg (Edition Blumenau) 2017; Ricard forschte unter anderem zu Burnout (etwa bei Pflegekräften), Empathie und Mitgefühl.

97 *Kohn, Alfie* 1986 (1992), a. a. O.

Menschen als auch auf die Gesellschaft in ihrer Gesamtheit hat. Seine sozialpsychologische Untersuchung stützt sich auf eigene Studien wie auch auf einschlägige Forschungen vor allem seit Mitte des 20. Jahrhunderts. Die Ergebnisse bringen ihn zu dem Schluss, dass Wettkampfverhalten infrage zu stellen ist, weil es in jederlei Beziehung schädlich ist.

Allerdings – und das ist das grundsätzliche Manko seiner umfassenden Studie – sieht er für die auf Wettbewerb fußende Wirtschaftsweise (also zum Kapitalismus) keine Alternative. Immerhin stellt Kohn die entscheidende Frage: Wer profitiert von der Behauptung, Konkurrenz liege in der Natur des Menschen? „Wem nützt der Glaube, dass der unregulierte Kapitalismus ‚natürlich' ist – oder der Glaube, dass jedes Element des Status quo sich aus dem ableitet, was unsere Natur ausmacht? Es sind ganz klar diejenigen, denen dieser Status quo nützt." (*Kohn*: 14, eigene Übersetzung) Leider offenbart seine Antwort die Beschränktheit seines philosophisch-anthropologischen Verständnisses der von ihm selbst aufgeworfenen Fragen. Denn das Fehlen auch nur der geringsten Andeutung, wie eine andere Wirtschaft aussehen könnte, legt den Schluss nahe, dass er ausschließlich für eine regulierte Wettbewerbswirtschaft plädiert, nicht für ihre Überwindung.

Bei der Erklärung des inneren Zusammenhangs von Wettkampf (auch im Sport) und beruflicher, wirtschaftlicher und sonstiger Konkurrenz nutzt Kohn den Begriff „contest", für den es im Deutschen keine treffende Entsprechung gibt. In dem Begriff „contest" ist „competition" (Wettbewerb) als wesentlicher Kern enthalten, bezieht sich aber auch auf die sportliche, die wirtschaftliche, die berufliche und die sonstige Konkurrenz.

> „Das Leben ist für uns zu einer endlosen Abfolge von Wettbewerben geworden. Vom Klingeln des Weckers bis zum Einschlafen, vom Kleinkindalter bis zum Tod sind wir damit beschäftigt, andere zu übertreffen. So verhalten wir uns auf der Arbeit und in der Schule, auf dem Spielfeld und zu Hause. Es ist der gemeinsame Nenner des amerikanischen Lebens." (*Kohn*: 1, eigene Übersetzung)

Kohn resümiert den Erkenntnisstand der Evolutionsforschung und zitiert dazu Stephen Jay Gould: „Die Gleichsetzung von Wettbewerb mit Erfolg in der natürlichen Selektion ist nichts anderes als der Ausdruck eines kulturellen Vorurteils … Erfolg, definiert als das Hinterlassen von mehr Nachkommen, kann ... durch eine Vielzahl von Strategien erreicht werden – einschließlich Mutualismus und Symbiose – die man als kooperativ bezeichnen kann. In der allgemeinen Erklärung der natürlichen Selektion gibt es keine *A-priori*-Präferenz für kompetitives oder kooperatives Verhalten.“[98]

Mit anderen Worten: Auch von Seiten der Paläontologie kommt man zu dem Schluss, dass die Evolution keineswegs auf Wettstreit/Wettkampf angewiesen ist. Es ist sogar (siehe Nowak, Bauer und andere) eher umgekehrt. Überleben und Weiterentwickelung gelingen dann am besten, wenn Kooperation zum Tragen kommt. Aber Kooperation ist nicht so augenfällig wie der Wettkampf oder der Krieg. Das ist wohl einer der Gründe, weshalb Darwin die Rolle der Kooperation völlig unterschätzt hat und – ganz im damaligen Zeitgeist – Schlüsse gezogen hat, die leider für die weitere Entwicklung der Biologie wie auch der Sozialwissenschaften mindestens hundert Jahre lang eine verheerende Wirkung entfalteten. Engels führte schon 1875 aus:

> „Die ganze Darwinsche Lehre vom Kampf ums Dasein ist einfach die Übertragung der Hobbesschen Lehre vom bellum omium contra omnes [Krieg aller gegen alle] und der bürgerlichen ökonomischen von der Konkurrenz, so wie der Malthusschen Bevölkerungstheorie aus der Gesellschaft in die belebte Natur. Nachdem man dies Kunststück fertiggebracht (dessen unbedingte Berechtigung, besonders was die Malthusche Lehre angeht, noch sehr fraglich), ist es sehr leicht, diese Lehren aus der Naturgeschichte wieder in die Geschichte der Gesellschaft zurückzuübertragen, und eine gar zu starke Naivität, zu behaupten, man habe damit diese Behauptung als ewige Naturgesetze der Gesellschaft nachgewiesen.“[99]

Allerdings ist auch Darwin nicht verborgen geblieben, dass Kooperation für das Überleben von Arten eine große Rolle spielt, also nicht nur, welche Eigenschaften einer bestimmten Art dazu beitragen, mit einer veränderten Umwelt besser zurechtzukommen. Kohn zitiert, was Montagu in seinem Buch über Darwin zusammenfasst: „Was den Menschen angeht, so

---

98 Kohn zitiert hier aus einem persönlichen Gespräch mit dem Paläontologen Stephen Jay Gould aus den Jahr 1984 in: *Kohn* 1986: 21 (eigene Übersetzung)

99 Engels, Friedrich, *Dialektik der Natur. Notizen und Fragmente,* MEW 20: 565

müssen wir festhalten, dass der Wettbewerb – wenn er denn in seiner aggressiven, kämpferischen Form jemals einen adaptiven Wert für den Menschen hatte, was stark zu bezweifeln ist – in der modernen Welt ganz klar überhaupt keinen adaptiven Wert hat.. . Vielleicht hatte kooperatives Verhalten in der Menschheitsgeschichte noch nie eine so große Bedeutung wie heute.“[100] Vor allem den letzten Satz kann man angesichts der ökologischen Gefahren gar nicht stark genug unterstreichen.

Kohn unterscheidet zwischen strukturell vorgegebenem Wettkampf („structural competition“) und einer inneren, von der Person selbst beabsichtigten Wettkampfeinstellung („intentional competition“). Beide Formen verstärken sich gegenseitig und tendieren grundsätzlich zu einem Nullsummenspiel („mutual exclusive goal attainment“, MEGA): Mein Erfolg erfordert deine Niederlage. Es ist nicht verwunderlich, dass vor allem die Häufung von strukturellen Wettkämpfen Misstrauen gegenüber den anderen Menschen entstehen lässt bzw. dieses fördert (nicht zuletzt im Berufsleben).

Das Gegenstück zu einem solchen Verhalten ist das Bemühen, eine bestimmte Aufgabe zu lösen – beziehungsweise etwas zu bewirken –, ohne in einen Wettkampf einzutreten. So bemühen sich Kleinkinder, auf diese Weise „die Welt zu erobern“ (sie sich aufzuschließen), und müssen dabei keineswegs in einen Wettkampf eintreten. Man kann in solchen Prozessen den eigenen Fortschritt genießen, beziehungsweise sich daran erfreuen, dass man – trotz fortschreitendem Alter oder trotz Krankheit oder Behinderung – das eine oder das andere *immer noch* bewerkstelligen kann.

Was für Kinder gilt, gilt in geänderter Form auch für Jugendliche und Erwachsene. Pausewang schreibt für das Erziehen von Kindern: „In jedem Fall wirken dann [beim vom System vorgegebenen Vergleich mit anderen Kindern] nicht die negativen, sondern positiven Rückmeldungen stärkend, nämlich der Blick auf seine [eigenen] Fortschritte. Erfolge – nicht Misserfolge – wirken in der Regel aufbauend und stabilisierend.“ (*Pausewang*: 25)

Was bei den Protagonisten des Wettkampfs prinzipiell ausgeklammert wird, ist die Tatsache, dass beim Wettkampf schließlich nicht jeder gewinnen kann und dass das Verlieren (nicht nur im Berufsleben, aber dort be-

---

100 Montagu, Ashley, *Darwin, Competition and Cooperation*, 1952. Reprint Westport, Conn. (Greenwood Press) 1973, S. 72, hier zitiert nach *Kohn* 1986: 24 (eigene Übersetzung)

sonders) nicht selten zu schwerwiegenden psychischen Belastungen führt. Der Psychologe Combs schreibt dazu: „In Wahrheit ist die beste Gewähr dafür, dass eine Person in der Zukunft Erfolg hat, dass sie in der Vergangenheit Erfolg hatte. Dass sie fähig sind, lernen Menschen nicht durch Scheitern, sondern durch Erfolg.“[101]

Ist dies erst mal verstanden, dann ist der Schritt zur Kooperation nicht mehr so weit. Strukturelle Kooperation bewegt sich außerhalb des Gegensatzpaares Egoismus – Altruismus und ist für den einzelnen Menschen wie auch für die Gemeinschaft erfolgreicher als Wettkampf/Konkurrenz.

In Konkurrenzgesellschaften werden Kinder früh zu Konkurrenzverhalten gedrängt. Es gibt jedoch keinen Zusammenhang zwischen Konkurrenzorientiertheit und Erfolg beim Lösen von Problemen oder Aufgaben. Eher ist das Gegenteil der Fall. Gemeinsames Arbeiten – mit Tomasello möchte ich hinzufügen: basierend auf geteilter Intentionalität – setzt Energien frei und motiviert stärker intrinsisch (also aus sich heraus). Selbstbewusstsein und Ausgeglichenheit sind keineswegs auf Konkurrenzsituationen angewiesen. In der Konkurrenz (auch dort, wo es kein „offizieller“ Wettkampf ist) gibt es in der Regel sogar mehr Verlierer als Gewinner. Wettkampfverhalten führt sogar leicht in einen Teufelskreis. Es erzeugt Ängste (nicht nur in der Schule!), bedroht persönliche Beziehungen und legt uns als Lösung ... weiteres Wettkampfverhalten nahe. Damit wird vielen Menschen Sicherheit, die für persönliche Stabilität so wichtig ist, untergraben. Sogar physische Auswirkungen sind nicht selten. So zitiert Kohn den Mediziner Rollo May, der darauf hinweist, dass Mediziner in der „modernen westlichen Kultur“ die Häufung von Geschwüren auf die extreme Wettbewerbssituation zurückführen.[102]

Die Orientierung auf das Produkt (letztlich auf das *Haben*, siehe Fromm 1979) lenkt vom Prozess des Erlebens (im Hier und Heute) ab. Es fördert das undifferenzierte Schwarz-Weiß-Denken und begünstigt Konformität, vor allem eine Anpassung des Denkens. Schließlich kann in einer so strukturierten Gesellschaftsordnung (Fromm benutzt in diesem Zusammenhang den Begriff „kapitalistische Existenzweise“) Widerspruch gegen vorherrschende Verhaltensweisen auf breite Ablehnung stoßen und sogar Ächtung hervor-

---

101 Arthur Combs, zitiert nach Kohn, Alfie, *Der Mythos des verwöhnten Kindes. Erziehungslügen unter die Lupe genommen,* Weinheim und Basel, 2005, S. 127

102 May, Rollo, *The Meaning of Anxiety*, Rev. ed. New York (Norton) 1977, S. 87 f., hier wiedergegeben nach Kohn 1986: 125

rufen. Wer eher am Rand oder „außen vor“ steht, der/die hat in einer nach Konkurrenzprinzipien funktionierenden Gesellschaftsordnung geringere Chancen, sich zu behaupten beziehungsweise nicht unterzugehen. Nicht wenige Menschen reagieren in solchen Konstellationen mit einer Privatisierung des eigenen Lebenszusammenhangs. Der Rückzug aus der Gemeinschaftlichkeit (oder sogar aus der Gemeinschaft) ist stark verbreitet.

Wir sollten nicht vergessen: Die Gewinner eines Wettkampfs tendieren oft dazu, aggressiver zu werden. Dagegen ist kooperatives Arbeiten, Lernen und Spielen in jedem Fall hilfreich, weil dies den Lernprozess fördert, Beziehungen pflegt und allgemein bessere Ergebnisse erzielt. David und Roger Johnson haben in einer umfangreichen Metaanalyse von einschlägigen Untersuchungen der Jahre 1924 – 1980 festgestellt, dass in 108 von insgesamt 122 analysierten Studien Kooperation erfolgreicher war als Konkurrenz.[103] In 36 Studien konnte kein statistisch messbarer Unterschied festgestellt werden und nur in 8 Studien war der Wettkampf erfolgreicher. Hinzu kommt: Konkurrenz führte nur bei einfachen, „wenig interdependenten“ Aufgaben zum Erfolg. Und in 108 Studien erwies sich kooperatives Verhalten zielführender als individuelles Agieren. Nur in 6 Studien zeigte sich ein entgegengesetztes Ergebnis (wobei in 42 Studien kein messbarer Unterschied zu verzeichnen war).[104] Dabei kristallisierte sich zum Beispiel auch heraus, dass Kooperation sich am erfolgreichsten in kleinen (überschaubaren) Gruppen bewährt, also dort, wo gute Vertrauensverhältnisse aufgebaut werden können.

In einer weiteren Meta-Analyse von 17 verschiedenen Studien kommen Johnson und Johnson zu dem Schluss, dass kooperatives Lernen dem individualistischen deutlich überlegen ist, und zwar vor allem aus einem Grund: Kooperatives Lernen fördert die intrinsische Motivation und ist befreit von der Last extrinsischer Faktoren der Kontrolle. Wer für sich, aus eigenem Antrieb, lernt und forscht (ganz gleich in welchem Alter und auf welchem Niveau), ist mit sich und seinem Leben eher im Reinen. Diejeni-

103 David und Roger Johnson: *Effects of cooperative, competitive, and individualistic goal structures on achievement: A meta-analysis,* https://www.researchgate.net/publication/229067919_Effects_of_cooperative_competitive_and_individualistic_goal_structures_on_achievement_A_meta-analysis

104 David W. Johnson et al. *Effects of Cooperative, Competitive and Inidvidualistic Goal Structures on Achievement: A Meta-Analysis,* hier wiedergegeben nach Kohn 1986: 47 f.; Johnson und Johnson haben übrigens im Verlauf von Jahrzehnten Dutzende Untersuchungen selbst durchgeführt und Hunderte von Artikeln und Bücher geschrieben.

gen, die eher mit- als gegeneinander arbeiten, fühlen sich wohler in ihrem Leben. Bei der Kooperation werden Fähigkeiten, Fertigkeiten, Wissen und Methoden geteilt. Hinzu kommt: Wer sich nicht konkurrierend verhält, wird von anderen leichter akzeptiert und gilt als sympathischer. Molekularbiologe Matthieu Ricard fasst so zusammen: „Mit, durch und für die anderen lernen, aber nicht allein gegen die anderen."[105]

„Gut" sein (eine Aufgabe bewältigen, ein Problem lösen) ist nicht das Gleiche wie mit anderen konkurrieren. Der konkurrierende Blick auf den anderen/die andere lenkt von der Aufgabe ab und absorbiert Energie (und belastet auch psychisch, im einen Fall mehr, im anderen weniger). Die extrinsische Motivation tendiert dazu, die intrinsische zu verdrängen, und hat vor allem zur Folge, dass das eigene Lernbedürfnis dadurch schwindet. Kohn führt beispielhaft solche Autoren wie Albert Camus, Martin Buber oder Gabriel Marcel an, die sich für intrinsische Motivationen und kreative Aktivitäten ausgesprochen haben.

Kooperation ist nicht nur hilfreicher für die Einzelnen, sondern auch fruchtbarer für die Gemeinschaft, weil das Ergebnis mehr ist als die Summe der Einzelanstrengungen. Der Stress des Wettkampfs mindert den Erfolg. Was dies auf der wirtschaftlichen Ebene bedeutet, haben wir in Abschnitt I beleuchtet. Es ist schade – und leider bezeichnend für die übergroße Mehrheit der Sozialwissenschaftler:innen –, dass Kohn sowie Johnson und Johnson auf diese Ebene überhaupt nicht eingehen.

Der interkulturelle Aspekt ist übrigens nicht zweitrangig. In einer weiteren Metaanalyse haben Johnson und Johnson neun Untersuchungen aus den Jahren 1944 – 1982 ausgewertet und kommen zu dem Schluss: Wenn kooperative Erfahrungen innerhalb einer Gruppe gesammelt werden, dann fördert dies die Beziehungen zwischen Menschen mit verschiedenem ethnischem Hintergrund oder zwischen Behinderten und Nicht-Behinderten. Der Unterschied zu Gruppen, in denen Kooperation keine Rolle spielt, ist beträchtlich. Die kooperative Konfliktbewältigung in der Schule hat drei Vorteile. Erstens fühlen sich hier die Schüler:innen wohler. Zweitens lernen sie dabei mehr und drittens werden damit die zwischenmenschlichen Beziehungen gefördert.

---

105 Ricard, Matthieu *Allumfassende Nächstenliebe. Altruismus – die Antwort auf die Herausforderungen unserer Zeit*, Hamburg (Edition Blumenau) 2017, S. 582, hier zitiert nach von Westphalen: 202

Auch dass wir für Spiele den Wettbewerb bräuchten, liegt keineswegs in unseren Genen. So haben in einer britischen Studie zwei Drittel der befragten Kinder und Jugendlichen zugegeben, „erleichtert zu sein (oder nichts dagegen zu haben), wenn das Element des Wettkampfs beim Sport verschwände. 86 Prozent der Kinder waren überzeugt, dass der Sieg für die Eltern wichtiger sei als für die Kinder selbst. Knapp 40 Prozent der Kinder waren sich sogar sicher, ihre Eltern schauten ihnen nur wegen des Wettkampfs beim Sport zu. Die Frage, für wen hier der Wettkampf durchgeführt wird, beantwortet sich in der Haltung der Eltern. Fast alle Eltern gestanden nämlich, dass sie tatsächlich den Kindern nur wegen des Wettkampfs zusahen – und fast alle Eltern räumten ein, dass für sie selbst der Sieg wichtiger sei als für die Kinder." (*von Westphalen*: 112)

In einem Artikel im *Journal of Physical Education and Recreation* schreibt George Sage: „Organisierter Sport – von den Jugendprogrammen bis hin zu den Profis – hat rein nichts mit spielerischem Vergnügen – also mit Freude oder eigener Befriedigung – zu tun, sondern ist nur ein sozialer Agent (Faktor), um die Beteiligten bewusst dazu zu erziehen, die herrschende Gesellschaftsstruktur und ihr Schicksal als Arbeitende in bürokratischen Organisationen zu akzeptieren. Entgegen den Mythen, die von den Propagandisten [des Wettkampfs] angeführt werden, ist der Sport kein Mittel menschlicher Selbstverwirklichung, sondern gesellschaftlichen Stillstands."[106]

Körperliche Aktivität erfordert keinen Wettkampf und kann für den Einzelnen/die Einzelne psychisch viel entspannter angegangen werden als im Wettkampf, der schließlich schnell zu körperlicher und nervlicher Verkrampfung führt. Wir müssen unser Selbstvertrauen stärken, um nicht ständig unsere Überlegenheit oder zumindest unsere Ebenbürtigkeit beweisen zu müssen. Die persönliche eigene Wettkampforientierung kann demzufolge am besten überwunden werden, wenn man das Selbstbewusstsein stärkt. Doch stellt sich die Frage, ob eine solche Überwindung im Sinne des „Systems", also der herrschenden Wirtschafts- und Gesellschaftsordnung ist.

Wettkampforientierung – auch das Verfolgen von Wettkämpfen – kann oft zur Sucht werden. Die strukturellen Ursachen wiegen schwer, weshalb

106 George H. Sage: *American Values and Sport: Formation of a Bureaucratic Personality,* S. 42 u. 44, zitiert bei Alfie Kohn 1986 (1992), a. a. O. S. 85; eigene Übersetzung

Bertrand Russell schreibt: „Das Problem liegt nicht einfach beim einzelnen Individuum. Der einzelne Mensch kann es auch nicht in seinem eigenen, isolierten Fall verhindern. Das Problem ergibt sich vielmehr aus der allgemein verbreiteten Lebensphilosophie, der zufolge das Leben ein Wettkampf ist, ein Wettbewerb, bei dem der Sieger anerkannt werden muss. Diese Sicht führt zu einer übermäßigen Kultivierung des Willens auf Kosten der Sinne und des Geistes.“[107]

Allerdings: Nach unserer Auffassung liegen die strukturellen Ursachen tiefer als in der von Russell zunächst durchaus richtig konstatierten allgemein verbreiteten Lebenseinstellung („generally received philosophy of life“). Wir kommen darauf zurück. Immerhin führt Kohn wenigstens aus, dass es für die Änderung dieses „Systems“ (der Wettkampforientierung) hilfreich ist, wenn wir anderen helfen, die schrecklichen Nachteile dieses Systems zu erkennen. „Wenn wir anderen helfen, die fürchterlichen Folgen eines Systems zu erkennen, das den Erfolg des einen vom Misserfolg des/der anderen abhängig macht, können wir gemeinsam daran mitwirken, dieses System zu ändern.“ (*Kohn* 1986/1992: 196, eigene Übersetzung)

Wie definieren sich die Menschen in unserer Gesellschaft?

In der bestehenden Wirtschafts- und Gesellschaftsordnung sind die meisten Menschen so stark vom Wettbewerbsdenken geprägt, dass sie sich eine andere Existenzweise als die von Konkurrenz geprägte gar nicht vorstellen können. Gefestigt wird diese Ideologie über die Definition des Menschen. Was ist bestimmend für seine Existenz? Als wesentliches Element dafür haben in den letzten zweihundert Jahren die Herrschenden den Nationalismus aufgebaut und beharrlich gefördert, nicht selten mit allen ihnen zur Verfügung stehenden Mitteln. Auch in Zeiten der Globalisierung ist er nicht verschwunden, auch wenn er für Teile der Bevölkerung nicht mehr die Bedeutung hat wie vor hundert Jahren. Denn:

Nicht nur wirkt heute die allgemein verbreitete Meinung von der Unvermeidbarkeit des „Wettbewerbsstaats“ (*Hirsch* a. a. O.) im Bewusstsein gro-

107 Russell, Bertrand: *Conquest of Happiness*, New York (Horace Liveright) 1930 S. 53 f., zitiert nach *Kohn* 1986: 164, eigene Übersetzung

ßer Teile der Bevölkerung. Der weltweit auflebende dumpfe Nationalismus, wie er von Rechtspopulist:innen, Rechtsradikalen und Anhänger:innen des Autoritarismus vertreten wird, feiert neue Höhenflüge und vernebelt die Hirne vieler Menschen. Diese Ideologien fallen deswegen auf fruchtbaren Boden, weil die Krise der kapitalistischen Weltordnung tiefergreifend ist als je: Wirtschaftskrise (und darauf basierend die Angst vor sozialem Abstieg), Ernährungskrise, Gesundheitskrise (Pandemien), allgemeine Umweltkrise und vor allem die Klimakrise. Die Bewältigung all dieser Krisen wird der breiten Bevölkerung aufgelastet, während gleichzeitig bekannt wird, dass die Reichen immer reicher werden.[108] Eine Alternative, für die es sich zu kämpfen lohnt, ist für die meisten Menschen nicht sichtbar.

Erich Fromm: „Der Durchschnittsmensch von heute erhält sein Identitätsgefühl aus seiner Zugehörigkeit zu einer Nation und nicht aus dem Gefühl, ein ‚Menschensohn‘ zu sein. Seine Objektivität, das heißt seine Vernunft, wird durch diese Fixierung verfälscht. Er beurteilt den ‚Fremden‘ anders als die Mitglieder des eigenen Klans. Auch seine Gefühle dem Fremden gegenüber sind verfälscht. [...] Wer sich nicht aus den Bindungen an Blut und Boden gelöst hat, ist als menschliches Wesen noch nicht ganz geboren; seine Fähigkeit zur Liebe und Vernunft ist verkrüppelt; er erlebt weder sich selbst noch den Mitmenschen in seiner vollen menschlichen Realität.“ (*Fromm*: 1980: 62 f.) Im Vergleich zur Zeit, als Fromm dies schrieb, sind die Verhältnisse eher schlimmer geworden als besser.[109] So bleibt diese Ebene der Konkurrenz so virulent wie eh und je.

Wenn Menschen nicht dazu in der Lage sind, Freiheit und Spontaneität zu erlangen und aus sich heraus die eigenen – nicht entfremdeten – Bedürfnisse zu äußern und dafür einzustehen, dann spricht man in der Psychologie von einem Defekt. Fromm führt aus, dass dies zu einem „gesellschaftlich ausgeprägten Defekt“ wird, wenn die Mehrheit der Mitglieder einer Gesellschaft davon erfasst sind (*Fromm* 1980: 23) Dies ist auch dann der Fall, wenn der/die Einzelne dies nicht so empfindet. Damit definieren wir ganz selbstverständlich nicht, was wahre und unverfälschte Bedürfnisse sind. Hier soll keiner selbsternannten moralischen Instanz das Wort

108 *Die fünf reichsten Männer der Welt haben ihr Vermögen seit 2020 verdoppelt, fast fünf Milliarden Menschen sind ärmer geworden.* https://www.oxfam.de/ueber-uns/publikationen/bericht-soziale-ungleichheit-2024 (letzter Zugriff 29.1.2024)

109 Schäfer, Jakob: *Spaltungslinie Rassismus – eine besondere Herausforderung in Zeiten der Krise.* in *Spaltungslinie Rassismus,* Duisburg (RSB) 2012

geredet werden. Es geht vielmehr darum, die vorherrschende Selbstdefinition des Menschen als – beispielsweise – in erster Linie „DeutscheR“ infrage zu stellen und sie mit den Auswirkungen dieser Einstellungen auf die eigene Lebenslage zu konfrontieren.

Diese Selbstdefinition ist Ausdruck einer tiefgreifenden Entfremdung. Im Einzelfall kann man ihr sicherlich mit politischen (und philosophischen) Argumenten entgegenwirken, sie ansatzweise auch individuell überwinden. Aber massenwirksam wird man ihr solange nicht begegnen können, wie es keine gesellschaftlich wirksame Bewegung gibt, die für eine Alternative und für ein anderes Zusammenleben kämpft sowie mindestens hier und da auch Teilerfolge erzielt. Andernfalls bleibt es bei Ideen. Marx dazu: „Die Waffe der Kritik kann allerdings die Kritik der Waffen nicht ersetzen, die materielle Gewalt muss gestürzt werden durch materielle Gewalt, allein auch die Theorie wird zur materiellen Gewalt, sobald sie die Massen ergreift. Die Theorie ist fähig, die Massen zu ergreifen, sobald sie ad hominem demonstriert, und sie demonstriert ad hominem, sobald sie radikal wird. Radikal sein ist die Sache an der Wurzel fassen. Die Wurzel für den Menschen ist aber der Mensch selbst."[110]

Seelische Gesundheit, so führt Fromm aus, gründet in dem „Begreifen der Realität innerhalb und außerhalb von uns selbst, das heißt durch die Entwicklung von Objektivität und Vernunft.“ (*Fromm* 1980: 73) Dazu gehört, dass man sich von einer Definition der eigenen Person als in erster Linie zugehörig zu einer Nation oder gar zum „Boden“ oder zum „Blut“ eines Volkes löst. Gelingt dies nicht, bleibt man immer anfällig für die Fiktion von Menschenrassen.[111]

Fromm wendet sich – und das mit Recht – gegen Freuds Auffassung, dass die menschliche Natur ihrem Wesen nach auf Rivalität eingestellt (und asozial) ist. Diese Position „finden wir bei den meisten Autoren, die meinen, die Charakterzüge des Menschen in der kapitalistischen Gesellschaft seien seine natürlichen Charaktermerkmale.“ (*Fromm* 1980: 79) Helmut Dahmer schreibt:

> „Wer um seine Existenz fürchtet, der verwendet alle Energien auf die Suche nach einem Ausweg, einem Rettungsmittel. Solche Suche verändert

110 Marx, Karl: *Zur Kritik der Hegelschen Rechtsphilosophie. Einleitung*, MEW 1: 385

111 Zur Rassentheorie siehe Hill, Hans-Ulrich: *Rassismus – Argumente gegen die Sarrazin-Thesen aus naturwissenschaftlicher Sicht* in *Spaltungslinie Rassismus*, Duisburg (RSB) 2012

die psychische Ökonomie: Luxus-Leistungen, deren wir in guten, sorglosen Tagen fähig sind – Mitgefühl, Solidarität, die über die Schranken der eigenen „Ethnie“, der eigenen sozialen Schicht, der eigenen Verwandtschaft hinausreichen –, werden dann ‚eingespart‘. Der Kreis der Interessen verengt sich, Einfühlungsfähigkeit und Toleranz schrumpfen, die Grenze zwischen (noch) ‚eigen‘ und (schon) ‚fremd‘ wird zurückverlegt: Die Fremde wächst. Auf die Sorge um Selbsterhaltung reduziert, durch extensive Verfremdungsleistungen psychisch verarmt, suchen die geängstigten Individuen Kompensation auf dem Wege der Identifizierung mit imaginären, homogenen Groß-Gemeinschaften (vom Typus der „Nation“). Ihr narzisstisches Defizit soll durch die Teilhabe an der Macht der vielen „Gleichen“ kompensiert werden. Und für das Dazugehören zu dem fantasierten Kollektiv (in unserem Fall der ‚Deutschen‘) werden die letzten personalen Kräftereserven aktiviert. Da aber das Kollektiv (die ‚Volksgemeinschaft‘), dem man sich aufopfert, ein imaginäres ist und auch der Zugewinn durch Identifizierung sich zunächst kaum auszahlt, bedarf die Masseneinbindung (Freud) einer Praxis, die ihr Realität verleiht. Als zugehörig zum ‚eigenen‘ Kollektiv erweist man sich durch ‚Verfremdung‘ der ‚Anderen“, die ihm nicht angehören dürfen. Die Grenzziehung gegenüber den „Fremden‘ wird durch Einfühlungs-, also Mitleidsverweigerung befestigt. Die, die jenseits dieser Grenze stehen, werden zu Minderen und zu Todfeinden. Nach Rücknahme der historisch (und biografisch) mühsam errungenen Identifizierung mit Fremden werden diese nicht mehr als ‚Menschen‘ wahrgenommen, sondern als ‚Parasiten‘, als ‚lebensunwertes Leben‘. Gemeinsames Diskriminieren der Fremden verschafft den Angehörigen des imaginär homogenisierten Kollektivs sozialen Anschluss, neue Solidarität; der überzeugendste Beweis der Zugehörigkeit aber wird durch den Mord an ‚Fremden‘ erbracht. Das imaginäre Kollektiv verwirklicht sich erst im Pogrom, im Massaker und im Krieg.“[112]

Für die kapitalistische – konkurrenzzentrierte – Prägung des Massenbewusstseins braucht es keine Gehirnwäsche. Die Menschen wurden vor allem durch die Macht des Faktischen dazu gebracht, sich dem kapitalisti-

112 Dahmer, Helmut: *Angst vor Entfremdung – Hass auf die Fremden,* aus einem Vortrag von Helmut Dahmer an der Volkshochschule Darmstadt vom 30.9.1993

schen Arbeitsprozess anzupassen. Das Wettbewerbsverhalten und die Routine der entfremdeten Arbeit wurden zu einem „inneren Trieb". (Fromm 1980: 83) Ein wesentlicher Mechanismus für die Erzeugung und Aufrechterhaltung dieses Triebs ist die uneingeschränkte, ja grenzenlose Orientierung auf Konsum. Viele Menschen werden regelrecht konsumsüchtig gemacht, „Shoppen" zu gehen, ohne zu wissen, was man eigentlich kaufen will (ganz zu schweigen davon, dass man in solchen Fällen häufig noch nicht einmal weiß, ob man überhaupt etwas braucht), ist für viele Menschen zu einem unhinterfragten Bedürfnis geworden. Die Werbeindustrie trägt ganz wesentlich dazu bei, ständig neue Bedürfnisse zu schaffen, genauer: das Bedürfnis nach immer mehr Dingen (und Dienstleistungen) aufrechtzuerhalten und weiter anzustacheln. Steigerung des Konsums, um das Wirtschaftswachstum anzutreiben, ist oberste Maxime staatlicher Wirtschaftspolitik.

Und da ein gesteigerter Konsum für die Verbraucher:innen nicht kostenlos zu haben ist, ist man gegebenenfalls auch bereit, mehr zu arbeiten. Die Einpassung der Menschen in die Verhaltensmuster und entfremdete Triebstruktur fängt schon bei der Erziehung und dem konkreten Erfahrungsumfeld der Kinder an. So können wir festhalten, dass nicht nur Arbeit unter dem Diktat des Kapitals entfremdet, sondern auch der Konsum.

Der Konsumorientierung und der entfremdeten Arbeit stellte Marx in den sogenannten „Pariser Manuskripten" (Ökonomisch-philosophische Manuskripte) von 1844 ein anderes Menschbild gegenüber:

> „Der *reiche* Mensch ist zugleich der einer Totalität der menschlichen Lebensäußerung *bedürftige* Mensch. Der Mensch, in dem seine eigene Verwirklichung, als innere Notwendigkeit, als *Not* existiert. Nicht nur der *Reichtum*, auch die *Armut* des Menschen erhält gleichmäßig – unter Voraussetzung des Sozialismus – eine *menschliche* und daher gesellschaftliche Bedeutung. Sie ist das passive Band, welches den Menschen den größten Reichtum, den *andren* Menschen, als Bedürfnis empfinden läßt. Die Herrschaft des gegenständlichen Wesens in mir, der sinnliche Ausdruck meiner Wesenstätigkeit ist die *Leidenschaft*, welche hier damit die *Tätigkeit* meines Wesens wird. [...] Innerhalb des Privateigentums umgekehrte Bedeutung. Jeder Mensch spekuli[e]rt darauf, dem andern ein *neues* Bedürfnis zu schaffen, um ihn zu einem neuen Opfer zu zwingen, um ihn in eine neue Abhängigkeit zu versetzen und ihn zu einer neuen Weise des *Genusses* und damit des ökonomischen Ruins zu verleiten. Je-

der sucht eine *fremde* Wesenskraft über d[en] andern zu schaffen, um darin die Befriedigung seines eigenen eigennützigen Bedürfnisses zu finden. Mit der Masse der Gegenstände wächst daher das Reich der fremden Wesen, denen der Mensch unterjocht ist und jedes neue Product ist eine neue *Potenz* des wechselseitigen Betrugs und der wechselseitigen Ausplünderung.“ (*Marx* 1844: 544 und 546 f.)

Ergänzend sei angemerkt, dass neben der Fixierung auf den Konsum im Kapitalismus die Spaltung der Gesellschaft in Klassen entscheidend ist. Die Lohnabhängigen sind dem Direktionsrecht der Kapitaleigner unterworfen. So machen Warenkonsum und Unterwerfung unter die Macht des Kapitals die Menschen unfrei und entfremden sie. Bekanntlich hat Marx dies ausführlich in *Das Kapital* analysiert und auch die Folgen für Mensch und Natur angemerkt. In prägnanter Form fasst er es im III. Band von *Das Kapital* folgendermaßen zusammen:

> „Die spezifische ökonomische Form, in der unbezahlte Mehrarbeit aus den unmittelbaren Produzenten ausgepumpt wird, bestimmt das Herrschafts- und Knechtschaftsverhältnis, wie es unmittelbar aus der Produktion selbst hervorwächst und seinerseits bestimmend auf sie zurückwirkt. Hierauf aber gründet sich die ganze Gestaltung des ökonomischen, aus den Produktionsverhältnissen selbst hervorwachsenden Gemeinwesens und damit zugleich seine spezifische politische Gestalt. Es ist jedesmal das unmittelbare Verhältnis der Eigentümer der Produktionsbedingungen zu den unmittelbaren Produzenten – ein Verhältnis, dessen jedesmalige Form stets naturgemäß einer bestimmten Entwicklungsstufe der Art und Weise der Arbeit und daher ihrer gesellschaftlichen Produktivkraft entspricht –, worin wir das innerste Geheimnis, die verborgene Grundlage der ganzen gesellschaftlichen Konstruktion und daher auch der politischen Form des Souveränitäts- und Abhängigkeitsverhältnisses, kurz der jedesmaligen spezifischen Staatsform finden.“ (MEW 25: 799 f.)

Fromm knüpft an Marx an, wenn er schreibt: „Der seelisch gesunde Mensch ist der produktive und nicht entfremdete Mensch; es ist der Mensch, der liebend zur Welt in Beziehung tritt und seine Vernunft dazu benutzt, die Realität objektiv zu erfassen; es ist der Mensch, der sich selbst als eine einzigartige individuelle Größe erlebt und sich gleichzeitig mit seinen Mitmenschen eins fühlt, der sich keiner irrationalen Autorität unterwirft und freiwillig die rationale Autorität seines Gewissens und seiner Vernunft anerkennt, der sich sein ganzes Leben lang im Prozeß des Geborenwerdens befindet und der das Geschenk seines Lebens als die kostbarste Chance ansieht, die er besitzt." (*Fromm* 1980: 259)

Aus der Analyse des Kapitalismus zieht Fromm das Fazit, dass individuelle Anstrengungen nicht genügen. „Wie der Mensch in einer bestimmten Kultur in Erscheinung tritt, ist stets eine Manifestation der menschlichen Natur, jedoch der Manifestation, die in ihrer besonderen Ausprägung von den gesellschaftlichen Gegebenheiten bestimmt wird, unter denen er lebt." (Fromm 1980: 22) Zu ähnlichen Schlussfolgerungen kommen Helfrich und Euler, wenn sie schreiben, „dass andere gesellschaftliche Verhältnisse notwendig wären, um das Potential des Gemeinschaffens zu entfalten und geeignete Bedingungen für diese Formen der Governance zu schaffen; nicht nur lokal, sondern auch darüber hinaus."[113]

Der egoistische Mensch

Wie eine Reihe anderer Autoren in der letzten Zeit geht auch Andreas von Westphalen der Frage nach, was denn die „Natur des Menschen" ist und ob der Mensch eher egoistisch oder „eher kooperativ" ist. Laut von Westphalen stützt sich der „aktuell herrschende Kapitalismus [...] zentral auf mindestens drei Grundeigenschaften [...] Nämlich: auf Egoismus, Konkurrenz und Materialismus." (*von Westphalen*: 10)

Bei der Beantwortung der Frage, ob dieses „kapitalistische Menschenbild" wirklich der „Natur des Menschen" entspricht, stützt sich von Westphalen vorrangig auf Biologen, Psychologen, Pädagogen, Soziologen und Journalisten (etwa Schirrmacher), aber auch auf Philosophen (etwa Rousseau). Seine Präsentation ist gut zu lesen und demontiert so manche Legende, etwa die vom Anstieg der Kriminalität im Katastrophenfall. Letzteres veranschaulicht er an den effektheischenden, ja sensationslüsternen Medienberichten von der Flutkatastrophe Katrina in New Orleans 2005 und den

113 Silke Helfrich/Johannes Euler: *Die Neufassung der Commons: Commoning als gemeinwohlorientiertes Gemeinwirtschaften.* In: Zeitschrift für Gemeinwirtschaft und Gemeinwohl 44 (2021), Nr. 1 S. 39 – 56, hier zitiert nach Johannes Euler/Insa Theesfeld: *Elinor Ostrom: Ein Leben für die Wissenschaft*, in *Ostrom* 2022: 97

späteren Richtigstellungen durch die Rettungskräfte. Genau diese aber schafften es nicht mehr in die Medien (zumindest nicht auf die Seite 1).

Andreas von Westphalen hat nicht Unrecht, wenn er schreibt: Die Theorie der Aggression als naturgegebener Trieb dient als „biologische Legitimation für den Raubtierkapitalismus." Doch, gibt es auch einen friedlichen Kapitalismus? Ist es nicht vielmehr so, dass die Gesetze (vulgo die Zwänge) der kapitalistischen Produktionsweise *per se* auf der emotionslosen Durchsetzung der Marktgesetze basiert, ganz gleich, welche Folgen dies für die Armen – besonders im Globalen Süden – mit sich bringt? Ist nicht die Geschichte des Kapitalismus von Anfang an mit Verelendung breiter Bevölkerungsschichten verbunden? Hat der Kapitalismus nicht eine extrem blutige Geschichte des Kolonialismus und der Sklaverei? Trägt nicht der Kapitalismus „den Krieg in sich wie die Wolke den Regen" (Jaurès)?

Nur weil ein Teil der Menschheit (im Wesentlichen die Herrschenden und die besser Verdienenden im Globalen Norden) die Folgen der kapitalistischen Produktionsweise nicht direkt am eigenen Leib verspürt, ist der Grundcharakter des Kapitalismus heute nicht anders als vor 100 oder 150 Jahren. Und er war auch in den 1950er und 1960er Jahren nicht weniger räuberisch gegenüber den Ausgebeuteten und gegenüber der Natur.

Sicher hat A. v. Westphalen auch Recht, wenn er festhält, dass das vom Kapitalismus verbreitete Menschenbild eine sich selbst erfüllende Prophezeiung ist. „Menschen, die zunehmend Konkurrenz und Egoismus erleben und in einer Gesellschaft und einer Wirtschaftsordnung aufwachsen, die genau diese Eigenschaften fordern und fördern, werden folgerichtig genau diese Eigenschaften zunehmend selbst an den Tag legen." (*von Westphalen*: 160) Als Ergebnis konstatiert er: Rückgang an Empathie, Zunahme des Individualismus, Einsamkeit, Steigerung des Materialismus, Narzissmus usw. Aber die von ihm beschriebene Annäherung des Menschen an das kapitalistische Menschenbild unterliegt einem verengten Blick auf die Gesamtumstände und auf die Faktoren, die auf diese Prozesse einwirken.

Sicher lassen sich die von ihm in dieser Hinsicht zitierten soziologischen und sozialpsychologischen Studien zu den Veränderungen in den letzten Jahrzehnten nachvollziehen. Doch dem müssen zwei methodische Einwände entgegengehalten werden: *Erstens* stellt von Westphalen diesen Entwicklungen keinerlei positive Gegentendenzen entgegen. Dies macht er deswegen nicht, weil sie sich auf einer anderen Ebene abspielen. Genauso wie noch bis Mitte der 1960er Jahre niemand die 1968er „Jugendrevolte“ vorhersah, so wurden auch viele von der Klimaschutzbewegung (etwa Fridays for Future und andere) überrascht. Hatten nicht die Wirtschaftswunderjahre für viele Soziolog:innen und Psycholog:innen eine unaufhaltbare Integration der seinerzeit heranwachsenden Generation in das kapitalistische System erwarten lassen? Stattdessen kam es in der zweiten Hälft der 1960er Jahre zu einem richtigen Bruch, der einen großen Teil dieser Generation zu einem entschiedenen Gegner des Kapitalismus machte, was immerhin über mehrere Jahrzehnte nicht ohne Folgen blieb.

Zweitens schließt der Tunnelblick auf sozialpsychologische Veränderungen die möglichen Auswirkungen einer veränderten Klassenkampfkonstellation aus. Dass so etwas selbst in einer völlig „unpolitischen“ Arbeiter:innenklasse wie der der USA möglich ist, lässt der erfolgreiche Kampf der Automobilarbeitergewerkschaft UAW im Herbst 2023 zumindest erahnen. „Vierzig Jahre lang haben die US-Gewerkschaften, insbesondere die Gewerkschaften der Industriearbeiter:innen, kaum etwas herausgeholt. Gewerkschaftsführer waren Partner der Konzerne, bürokratisch und, wie die alte UAW-Führung, manchmal korrupt; sie handelten Zugeständnisse aus, die Löhne, Gesundheitsleistungen, Renten und Macht am Arbeitsplatz verschenkten. Die Arbeiter*innen fühlten sich wirtschaftlich betrogen, von ihren Arbeitsplätzen und ihren Gewerkschaften entfremdet und zutiefst demoralisiert. Jetzt hat die UAW den Streik als wichtigste Waffe der Arbeiterschaft wiederbelebt. UAW-Präsident Shawn Fain erklärte, die Gewerkschaft streike nicht nur für Autoarbeiter*innen, sondern für die gesamte Arbeiterklasse gegen die Milliardärsklasse. Und dieser Streik scheint offensichtlich einen viel größeren Kampf um die Macht der Arbeiter*innen eröffnet zu haben.“[114]

In diesem Kampf hat sich unter den Beschäftigten eine neue Solidarität entwickelt, die das egoistische Denken überwand und die Vorteile gemeinsamen Handelns erkennen ließ. Dass dies in einer Klassengesellschaft mit einer Frontstellung gegen den gemeinsamen Feind (die Kapitaleigner:innen) und das kapitalistische Profitstreben verbunden werden muss, macht die Sache nicht gerade einfach, aber es lässt erahnen, dass nicht alles nur immer in eine Richtung gehen muss.

---

114 La Botz, Dan: *Autostreiks in den USA*, in: die internationale 1/2024, https://inprekorr.de/626-auto-dlb.htm, sowie https://intersoz.org/autostreiks-in-den-usa/

IV. Die Kooperation nach der Überwindung des Kapitalismus

Wie in den Abschnitten I – III dieser Schrift erläutert, hat die Kooperation gegenüber dem Wettbewerb viele Vorteile und ist unzweifelhaft die menschlichere Art des Zusammenlebens (Marx, Fromm, Illich, ...) Die Form der bestmöglichen und praktikablen Kooperation in einer modernen, d. h. hochgradig arbeitsteiligen und komplexen Gesellschaft liegt allerdings nicht auf der Hand. Vieles wird sich zwar von selbst ergeben, bei manchem wird man ausprobieren müssen, welche konkrete Form der Kooperation am besten funktioniert. Aber den Menschen, die die mörderische kapitalistische Produktionsweise überwinden wollen, sollte wenigsten in groben Zügen klar sein, wohin die Reise gehen soll und wie man dorthin gelangen kann.[115]

Eine Grunderkenntnis, die sich aus den oben genannten Untersuchungen von Sozialpsychologen ergibt, wird sicher auch nach der Überwindung der konkurrenzdominierten Gesellschaftsordnung ihre Bedeutung behalten: Kooperation gelingt dann am besten und ist etwa bei intern oder extern verursachten Störungen am stabilsten, wenn die Gruppe überschaubar ist. Ideal sind Gruppen von acht bis zwanzig Personen. Je größer die kooperative Gruppe/Gemeinschaft ist, umso mehr muss die Kooperation sich auf eine demokratische Struktur politischer Meinungs- und Entscheidungsprozesse stützen, damit sie gegen Störungen ausreichend resilient ist. Dies ist vor allem in der Übergangsphase, also wenn sich das kooperative Zusammenleben noch nicht gefestigt hat, von großer Bedeutung. Je mehr Menschen Erfahrungen mit den Vorteilen gemeinsam aufgebauten Vertrauens gesammelt haben, desto weniger störanfällig wird diese Existenzweise sein.

Bis dahin müssen sichere Mechanismen überlegt und zur Anwendung gebracht werden, die die Kooperation auch bei Menschen fördern, die sich überhaupt nicht kennen. Das betrifft vor allem die Arbeit, aber etwa auch die Ebene gesellschaftlicher Problemlösungen. Und es betrifft den

115 Auf die Frage, wer denn die Kräfte sind, die potentiell die Macht haben, die kapitalistische Gesellschaftsordnung zu überwinden, können wir in diesem Zusammenhang nicht eingehen und verweisen auf *Schäfer* 2022.

kulturellen Austausch oder die Wissenschaft. Schließlich ist heute schon nachweisbar, dass kooperatives Forschen bessere Ergebnisse zeitigt als isoliertes, eifersüchtig abgeschirmtes Werkeln. Doch auch nach einer Überwindung des Kapitalismus werden nicht alle Menschen mit einem Schlag von den Vorzügen der Kooperation überzeugt sein.

Zu den Grundzügen einer kooperativen Wirtschaftsordnung

Aus dem in den Abschnitten II und III Dargelegten dürfte klar geworden sein, dass eine kooperative Lebensweise nicht nur angenehmer ist als das auf Wettbewerb und Konkurrenz fußende System. Sie ist auch erfolgreicher, sowohl in der allgemeinen Persönlichkeitsentwicklung (nicht zuletzt in der Entfaltung und Förderung von Kreativität) als auch auf der ökologischen Ebene (weil ressourcensparender und weniger die Umwelt belastend). Doch ist kooperatives Wirtschaften nicht ineffizient und ist dies überhaupt für eine ganze Volkswirtschaft vorstellbar?

Effektivität

In seiner Kritik der politischen Ökonomie erklärt Marx, dass Waren zwar das Ergebnis privater, konkurrierender Arbeit sind, aber auf zweifache Weise gesellschaftlich werden: Zum einen müssen sie einen Gebrauchswert haben und somit für den Tausch infrage kommen. Zum anderen muss es einen Maßstab geben, mit dem gemessen wird, welchen Tauschwert sie haben. Vergleichbar – das heißt den Wert betreffend kommensurabel – sind sie deswegen, weil in jedem von ihnen Arbeit vergegenständlicht ist.

Die Menge der vergegenständlichten Arbeit bestimmt den Wert und ist die Grundlage des Wertgesetzes, wobei zu beachten ist: Das gesellschaftlich durchschnittliche Maß an Arbeit bezieht sich auf das durchschnittliche Maß an Geschicklichkeit, Arbeitsintensität, erforderliche Ausbildung usw. Und: Durchschnittliche Arbeit beinhaltet auch die Anwendung einer zu dem gegebenen Zeitpunkt durchschnittlichen Produktivität der Arbeit, also den Stand der Technik, der Arbeitsorganisation usw. Charakteristisch für den Kapitalismus – also für die *verallgemeinerte* Warenproduktion – ist aber auch, dass die Wertbildung eines Produkts und der im Verkaufspreis enthaltene Profit sich nur dann realisieren, wenn die Ware auch verkauft wird.

Der Marktwert weicht allerdings (mehr oder weniger stark) von dem „normalen" Tauschwert ab, wenn die auf dem Markt vorhandene Menge an vergleichbaren Waren deutlich geringer ist als die Nachfrage. Dann werden vom Verkäufer Extraprofite eingestrichen. Umgekehrt wird bei Überproduktion gesellschaftliche Arbeit vergeudet, was im Kapitalismus ständig für bestimmte Produkte und Produktgruppen der Fall ist und bei einer Häufung solcher Disproportionen in zyklischen Abständen zu Wirtschaftskrisen führt. Der Grund ist klar: Der wirkliche Bedarf an diesen oder jenen Produkten wurde nicht vorher gemeinsam ermittelt und demzufolge wurde nicht in den für den gesellschaftlichen Bedarf erforderlichen Proportionen produziert. Vielmehr stellt sich der wirkliche Bedarf erst über den Markt heraus, bei dem die sich verändernde Kaufkraft der möglichen Käufer:innen noch verschärfend hinzu kommt.

Eine kooperative Wirtschaft ist aus einer ganzen Reihe von Gründen der Wettbewerbswirtschaft überlegen:

- Da in einer egalitären Gesellschaftsordnung die Produktion nicht mehr dem Kapitalinteresse (und den Profitinteressen der Kapitaleigner) unterliegt, kann eine gesamtwirtschaftliche Rationalität zur Anwendung kommen. Dies betrifft nicht nur die *Mengen* der jeweiligen Produkte, sondern auch die *Art* der Produkte, die dann nach ökologischen und gesundheitlichen Aspekten gewählt und konzipiert werden. Überproduktion und Unterversorgung in größerem Ausmaß gehören dann der Vergangenheit an.
- In einer nicht nach dem Profitprinzip organisierten Wirtschaftsordnung gibt es beispielsweise kein Patentrecht mehr. Es wird auch nicht mehr parallel zueinander geforscht, sondern gemeinsam, also kooperativ. Das spart Ressourcen jeglicher Art: Arbeit, Gerätschaften usw. Selbst im Kapitalismus erweist sich schon, dass Kooperation effektiver ist als das abgeschirmte Produzieren konkurrierender Betriebe oder auch das Vor-sich-Hinwursteln einzelner Forscher:innen.[116]
- In einer kooperativen Wirtschaftsweise werden Rationalisierungserkenntnisse – etwa bei der Erforschung von Einsparpotentialen – der Gesamtgesellschaft zur Verfügung gestellt und nicht eifersüchtig unter der Decke gehalten.

---

116 Siehe etwa: https://www.uni-saarland.de/en/einrichtung/kowa/aktivitaeten/bildung/publikationen/eigene/buecher/festschrift-kooperativ-forschen.html oder auch: Sweers, Franziska (Hrsg.), *Kooperation in der wissenschaftlichen Weiterbildung*, Springer Verlag 2022

- Unabhängig von Patenten oder Rationalisierungen: Im Rahmen der Konkurrenzwirtschaft wird grundsätzlich nebeneinanderher gearbeitet und peinlich darauf geachtet, dass der Konkurrent nicht von eigenen Ressourcen oder Kenntnissen profitiert oder an dem teilhat, was im eigenen Betrieb oder in der Logistik zur Verfügung steht. So lässt man lieber den eigenen LKW leer zurückfahren, als die Ladefläche dem Konkurrenten zur Verfügung zu stellen. Überhaupt werden in einer geplanten Wirtschaft die Ressourcen gemeinsam genutzt.
- Im Kapitalismus ist ein Teil der Gesellschaft von der Erarbeitung des gesellschaftlichen Reichtums ausgeschlossen, weil er für die Kapitalverwertung nicht gebraucht wird. Dafür müssen diese Menschen über das soziale Sicherungssystem (und damit letztlich über die Arbeit der Lohnabhängigen) über Wasser gehalten werden. Noch vollkommen unabhängig von dem bürokratischen Aufwand hat dies für die unmittelbar Betroffenen zur Folge, dass sie sozial ausgegrenzt und psychisch belastet werden. Eine kooperative Wirtschaftsordnung sorgt dafür, dass kein Potential vergeudet wird bzw. ungenutzt bleibt, sondern die Arbeit kollegial auf alle Hände und Köpfe verteilt wird.
- In einer kooperativen Wirtschaft werden nicht mehr Produkte von Nord nach Süd und parallel dazu gleiche Produkte von einem anderen Betrieb von Süd nach Nord transportiert. Dieser Unsinn gibt nur einzelbetrieblich Sinn (nämlich in Konkurrenz zum sogenannten „Mitbewerber"). Gesamtgesellschaftlich kostet sie Arbeitskraft und -zeit und ist ökologisch verheerend.
- In einer kooperativen Wirtschaftsordnung werden ganze Sektoren überflüssig sein, was gewaltige Einsparpotentiale an Ressourcen und Arbeitszeit bringen wird. Zu den überflüssigen bis schädlichen Dingen gehören: die Werbung, die Finanz- und Versicherungswirtschaft, die Kreditwirtschaft, das Marketing, die größten Teile des Gewaltapparats und des Wach- und Sicherheitsgewerbes usw. Der bedeutendste Sektor, der einer kooperativen Gesellschaftsordnung im Weg steht, ist allerdings das Militär. Ganz abgesehen vom Töten und Verletzen: Militär ist ökologisch extrem schädlich und verschlingt enorme materielle Ressourcen und menschliche Arbeitszeit.
- Eine demokratisch geplante Wirtschaft ist nicht nur in der Lage, gemäß den gemeinsam ermittelten Bedürfnissen zu produzieren. Auch die Verteilung kann gerechter und mit weniger Verschwendung organisiert

werden. Heute landen viele Produkte – weil nicht gewinnbringend verkaufbar – auf dem Schrott, obwohl sie noch brauchbar sind. Das fängt bei Lebensmitteln an[117] und geht bis zur *fast fashion*, also zu Kleidungsstücken, die nicht mehr der neuesten Mode entsprechen.[118]

- Nicht nur werden in der kooperativen Wirtschaft keine brauchbaren Produkte in den Müll geworfen: Schon die Produktionsanlagen werden nicht mehr am Bedarf vorbei aufgebaut. Das Entstehen von Überkapazitäten ist eine logische Folge der Konkurrenzwirtschaft. Auch den „moralischen Verschleiß“ (Marx), also das frühe Aussortieren von Anlagen (weil sie nicht mehr genügend Profit für den betreffenden Kapitalisten abwerfen), wird es nicht mehr geben. Ein Beispiel für Verwertungskrisen sind auch die Immobilienkrisen (2022 bis 2024 besonders stark in China).
- In einer kooperativen Wirtschaft wird es keine geplante Obsoleszenz mehr geben. Überhaupt werden die meisten Produkte standardisiert und grundsätzlich reparaturfreudig konzipiert, sodass wesensgleiche Produkte sowie Ersatzteile untereinander austauschbar sind. Wegwerfprodukte gehören dann der Vergangenheit an.

Wird eine Wirtschaft auf Kooperation umgestellt – also auf gemeinsames Planen und Produzieren sowie auf gleichberechtigte Teilhabe am gesellschaftlichen Reichtum –, dann kann aufgrund der gewaltigen Einsparungen eine zentrale Voraussetzung für die Beteiligung breitester Bevölkerungsschichten an den Entscheidungen umgesetzt werden, nämlich die drastische Verkürzung der Arbeitszeit.

Es versteht sich, dass im Gegensatz zur Kommandowirtschaft des ehemaligen Ostblocks eine demokratisch geplante Wirtschaft nicht mit einmal (und zwar von oben) festgesetzten Planvorgaben arbeitet, sondern dass die gemeinsam getroffenen Entscheidungen in regelmäßigen Abständen überprüft und neu justiert werden. Deswegen wird es kaum zu gravierenden Fehlplanungen kommen, denn die Beteiligungsmöglichkeit aller jeweils Betroffenen wird dafür sorgen, dass erforderliche Anpassungen unmittelbar erfolgen. Schließlich haben die Menschen aufgrund ihrer ei-

---

117 Laut einer UN-Studie landen weltweit 19 Prozent der Lebensmittel auf dem Müll. https://www.br.de/nachrichten/deutschland-welt/un-studie-19-prozent-aller-lebensmittel-landen-im-muell,U8EaXMp

118 Siehe dazu auch MacKinnon, J.B.: *Der Tag, an dem wir aufhören zu schoppen. Wie ein Ende der Konsumkultur uns selbst und die Welt rettet*, München (Penguin) 2021

genen Betroffenheit und der gemeinsamen Entscheidungskompetenz ein Interesse an einer unverzüglichen Neujustierung der Planung und deren Umsetzung. Eine große Hilfe dabei ist die inzwischen weit fortgeschrittene Programmierkunst und Computertechnik.

Wenn die wesentlichen Wirtschaftsentscheidungen nicht mehr vom Wertgesetz diktiert werden und Investitionen sich nach den gesellschaftlichen Bedürfnissen richten, und zwar basierend auf einer demokratischen Entscheidung der jeweils Betroffenen, dann kann dies nicht heißen, dass objektiv alles möglich ist. Nicht alle Güter werden frei verteilt werden können. Aber: Je grundlegender die Befriedigung bestimmter Bedürfnisse ist, umso mehr gesellschaftliche Ressourcen müssen dafür aufgebracht werden, damit es weder Existenzsorgen noch Benachteiligung gibt. Das Verschwinden der Warenproduktion muss zwar das gesellschaftliche Ziel sozialistischer Planung sein, aber es lässt sich nicht administrativ durchsetzen.[119] Mit anderen Worten: Eine andere Existenzweise wird die allgemeine Lebensqualität deutlich erhöhen, aber die Existenz von Waren wird nicht schlagartig vollkommen verschwunden sein. Wir müssen nicht spekulieren, wie lange der Prozess dauern wird, aber klar muss sein: Die Warenwirtschaft wird nicht mehr das Leben bestimmen, und Waren werden in einem kontinuierlichen Prozess zurückzudrängen sein

> „In einer höheren Phase der kommunistischen Gesellschaft, nachdem die knechtende Unterordnung der Individuen unter die Teilung der Arbeit, damit auch der Gegensatz geistiger und körperlicher Arbeit verschwunden ist; nachdem die Arbeit nicht nur Mittel zum Leben, sondern selbst das erste Lebensbedürfnis geworden: nachdem mit der allseitigen Entwicklung der Individuen auch ihre Produktivkräfte gewachsen und alle Springquellen des genossenschaftlichen Reichtums voller fließen – erst dann kann der enge bürgerliche Rechtshorizont ganz überschritten werden und die Gesellschaft auf ihre Fahne schreiben: Jeder nach seinen Fähigkeiten, jedem nach seinen Bedürfnissen!“.[120]

119 Mehr dazu in: Mandel, Ernest: *Freiheit und Planung im Kapitalismus und Sozialismus*, Hg.: Revolutionäre marxistische Liga (seinerzeitige Schweizer Sektion der IV. Internationale), Zürich, o. J. [ca. 1970] S. 12 f; ausführlich zitiert in https://intersoz.org/plaedoyer-fuer-eine-demokratisch-geplante-wirtschaft/

120 Marx, Karl: *Kritik des Gothaer Programms*, MEW 19: 21

Zu dem Widerspruch im Kapitalismus zwischen der Rationalität auf der betrieblichen Ebene und der Irrationalität des Gesamtsystems schreibt Ernest Mandel in *Der Spätkapitalismus*:

„Andererseits führt der im Widerspruch zwischen wachsender Vergesellschaftung der Arbeit und privater Aneignung wurzelnde objektive Gegensatz zwischen Teilrationalität und Gesamtrationalität, der für die kapitalistische Produktionsweise kennzeichnend ist, im Zeitalter des Spätkapitalismus zu einer solchen Potenzierung dieser Gesamtirrationalität, daß sie nicht nur die bestehende Gesellschaftsform, sondern die menschliche Zivilisation mittelfristig bedroht. Daß es nicht nur irrational und sinnlos, sondern geradezu gemeingefährlich ist, den ‚freien Verkauf' von Atombomben und Giftgasen zu gestatten, versteht mittlerweile jedes Kind. Und daß die dem Profitstreben überlassene Privatinitiative zur ‚freien Erzeugung' und zu ‚freiem Verkauf' vergifteter Lebensmittel, gesundheitsschädlicher Pharmaka und Drogen, unsicherer PKWs, Umwelt gefährdender Chemikalien die Menschengattung genauso mit Vernichtung bedroht wie Kernwaffen, wird mittlerweile sogar von der Forschung dokumentiert. [...] Nur weigern sich die Experten, die notwendigen gesamtgesellschaftlichen Konsequenzen aus dieser Analyse zu ziehen: Die Wurzel des Übels liegt in der Fortdauer der Warenproduktion, d. h. der Wiedervereinigung von Arbeitsteilung und Sozialisierung der Arbeit über den Umweg von Marktgesetzen, d. h. in der Verdinglichung aller menschlichen Beziehungen, und in der Umwandlung sämtlicher Wirtschaftstätigkeiten aus Mitteln zum Zweck – Befriedigung rationaler menschlicher Bedürfnisse, Erweiterung *menschlicher Lebenspotenzen* – in Selbstzwecke. Nur eine unmittelbare Vergesellschaftung der Produktion und ihre bewusste Unterwerfung unter demokratisch bestimmte allgemeine Lebens- und Entwicklungsbedürfnisse aller Menschen können zu einer Neuentwicklung von Technologie und Naturwissenschaft führen, die die Selbstverwirklichung und nicht die Selbstzerstörung der Individuen impliziert."[121]

121 Mandel, Ernest: *Der Spätkapitalismus*, Frankfurt (Suhrkamp), 1972, S. 511-513

Wie wird geplant?

Um eine andere, eine kooperative Existenzweise durchzusetzen, muss die Wirtschaftsordnung auf eine bedürfnisorientierte Ökonomie umgestellt werden. Dafür braucht es Planung, aber sie wird in einer kooperativen Gesellschaftsordnung nicht etwa von einer anonymen, bürokratischen Struktur entworfen und dann den Menschen vorgesetzt oder übergestülpt. Es werden vielmehr gemeinsam die Bedürfnisse ermittelt, die als Grundlage der gemeinsamen Planerstellung dienen.

Für die Datenerhebung fängt eine auf Kooperation umgestellte Wirtschaft nicht bei null an. Vieles ist zwar vollkommen anders, aber selbst in der Umstellungsphase (also unmittelbar nach der Überwindung der Kapitalherrschaft) stehen den Zuarbeiter:innen für die Planerstellung grundsätzlich zwei wesentliche Datenquellen zur Verfügung:

- Zum einen die auf den verschiedenen Ebenen erfassten Antworten auf die Fragen nach dem künftigen Bedarf. Dies so zu organisieren, dass sowohl bei den Produktionsmitteln wie bei den Konsumtionsmitteln die konkreten Bedürfnisse aufgelistet und zusammengetragen (gebündelt) werden, ist mit den heutigen Datenerfassungsprogrammen der geringste Aufwand und wird quasi nebenherlaufen können.
- Zum anderen die Auswertung der realen Bedarfe in den vorangegangenen Perioden. Das Produktionsausmaß für Ersatzteile, Maschinen, Rohstoffe usw. ist ohnehin durch technische Faktoren bestimmt. So muss also nicht der Produktionsumfang jeder einzelnen Schraubenart gesondert berechnet werden.

Was Planung in den Betrieben konkret bedeutet, können alle berichten, die heute in einem mittleren oder größeren Industriebetrieb arbeiten. Auf Knopfdruck steht der Leitungsebene in Bruchteilen einer Sekunde praktisch jede nur erdenkliche Information zur Verfügung: Lagerbestände, Bestellmengen der Zulieferteile, Lieferantenauflistungen mit Eingruppierung in die A-, B- oder C-Kategorie (also Erstlieferant, Ersatzlieferant, weil nicht ganz so zuverlässig usw.), Stand der eigenen Produktion (in welchem Arbeitsgang befindet sich gerade dieses oder jenes Produkt oder dieser oder jener Auftrag), wie viele Menschen arbeiten gerade daran (im Zweifelsfall, wenn es keine gute Betriebsvereinbarung gibt, auch: *Wer* arbeitet gerade daran?), was haben diese Produkte bei der letzten Auslieferung der Firma real gekostet, wie wurden sie fakturiert, wie hat der Kunde

Kapazitäten der modernen Planungsprogramme

Heute schon stehen für die Detailberechnungen umfangreich Computerprogramme zur Verfügung, die man nicht mehr mit Excel vergleichen kann. Große Konzerne mit weltweit mehreren Hunderttausend Beschäftigten nutzen beispielsweise ERP-APS-Programme (Enterprise Ressource Planning System; APS: Advanced Planning and Scheduling) oder etwa das von SAP entwickelte ERP, nämlich ECC (ERP Central Component) oder die Nachfolgeprogramme. Die modernen ERP-Programme umfassen alle Bereiche eines Unternehmens/Konzerns. Es baut auf den Daten der ERP-Programme der Zulieferer auf und nutzt dabei die jeweilige SCM-Software (Supply Chain Management). Dies ist eine der Voraussetzungen für die Umsetzung der schlanken Produktion (lean production), die mit möglichst geringer Lagerhaltung und punktgenauer Anlieferung die Lager- und Verwaltungskosten minimiert. Das Einbinden der Zulieferer über die SCM-Software in eine konzernweite (und damit auch weltweite) Lieferkette ist eine der Charakteristika des heutigen industriellen Kapitals, wird aber auch in anderen Bereichen eingesetzt.

Gablers „Wirtschaftslexikon" schreibt zur Weiterentwicklung der ERP-Systeme:

„Mit zunehmender Vernetzung der Unternehmen in Form sog. Supply Chains reicht eine rein unternehmensbezogene Planung und Steuerung heute nicht mehr aus. Die Geschäftsprozesse sind vielmehr unternehmensübergreifend zu planen und zu steuern. Softwaresysteme, die eine derartige unternehmensübergreifende Planung und Steuerung der Geschäftsprozesse im Sinne des Supply Chain Managements unterstützen, werden als SCM- oder APS-Systeme bezeichnet [...] Ermöglicht wurde der Einsatz von APS-Systemen durch die rasante Verbreitung der Internet-Technologie Ende der 1990er Jahre."[122] Und: „APS-Systeme lösen den Einsatz von ERP-Software in den Unternehmen somit nicht ab, sondern integrieren die ERP-Systeme verschiedener Unternehmen entlang der Supply Chain und optimieren durch die Bereitstellung fortschrittlicher oder fortgeschrittener („advanced") Algorithmen die unternehmensübergreifenden Geschäftsprozesse."[123]

122 Gabler: *Wirtschaftslexikon*, 17. Auflage, Wiesbaden (GWV Fachverlage) 2010, S. 890
123 Gabler, a. a. O. S. 892

bezahlt, was ist von welchen Kunden für wann bestellt, bis wann kann der eigene Betrieb (oder ein anderer Betrieb des Konzerns) dies mit den vorhandenen Kapazitäten fertigen? Usw., usf.

Sicher, nicht alle Menschen werden sich an der Ausarbeitung eines gesamtgesellschaftlichen Plans beteiligen können (und größtenteils auch nicht wollen, sie haben Besseres zu tun). Für die Vorbereitung der Planungsentscheidungen müssen Fachkräfte

a) die vorhandenen Daten zusammentragen,
b) sie in nachvollziehbarer Form ordnen und allen zur Einsichtnahme (online) zur Verfügung stellen und
c) auf der Grundlage der bis dahin gesammelten Erfahrungen verschiedene Varianten eines Gesamtplans erstellen, die den in der politischen Debatte geäußerten Präferenzen entsprechen.

All dies muss so transparent erfolgen, dass auch Nicht-Fachleute nachvollziehen können, wie es zu dieser oder jener Planungsvariante gekommen ist. Darauf aufbauend kann anschießend eine gesellschaftliche Debatte erfolgen, an der sich alle beteiligen können und an deren Ende die Gesamtbevölkerung über die anzuwendende Planungsvariante entscheidet (natürlich nur für die Bereiche, die nicht örtlich zu lösen bzw. zu entscheiden sind). Dies kann in einer Volksabstimmung erfolgen, je nachdem, wie die Verfassung das festlegt. Entscheiden kann beispielsweise auch ein Jahreskongress, zu dem die Regionen ihre Delegierten entsenden. (Zur Frage der Abwählbarkeit der Delegierten/Räte und zur Frage des imperativen Mandats siehe unten).

Dieses Vorgehen (Erstellen von Planvarianten und demokratische Entscheidung) ist im Zeitalter ausgefeilter Computertechnik auf allen Ebenen anwendbar – von der kommunalen bis zur gesamtgesellschaftlichen. Mit anderen Worten: Es wäre unsinnig und absolut kontraproduktiv, auf einer zentralen Ebene alles entscheiden zu wollen.[124]

Dezentralisierung

Unabdingbar für eine kooperative Wirtschaftsordnung ist eine weitreichende Dezentralisierung. Dafür gibt es zwei Gründe:

---

124 Zu den Abgrenzungen der verschiedenen Ebenen und der Möglichkeiten der Entscheidungsfindung siehe *Schäfer* 2023: 7 - 69

Der politische: Alle Entscheidungen müssen so unmittelbar wie möglich von den betroffenen Menschen gefällt werden. Dann ist die größte Aufmerksamkeit, die größte Beteiligung und die größte direkte Kooperation umsetzbar. (Siehe dazu auch die oben in Abschnitt III unter „Alfie Kohns Plädoyer gegen das Wettkampfdenken" angeführten Ergebnisse der Metaanalyse von Johnson und Johnson, der zufolge die Kooperation in Kleingruppen von vornherein am erfolgreichsten ist.)

Der ökologische: Man muss von vornherein alles daransetzen, so wenig wie möglich Güter zu transportieren, schon gar nicht um den halben Erdball herum. Im Kapitalismus sind die „economies of scale", also die Größenkostenersparnisse („zunehmende Skalenerträge"), im Wesentlichen eine natürliche Folge der Konkurrenzwirtschaft. Es wirken sich hier zwei Faktoren aus:

Erstens: Je größer der Mengenausstoß pro Anlage, desto geringer die „durchschnittlichen totalen Kosten" (DTK). Die Fixkostenregression, die die bürgerliche Betriebswirtschaft dabei verzeichnet, beinhaltet allerdings nicht nur rein technische Größen, die zur „mindestoptimalen technischen Betriebs- bzw. Unternehmensgröße" führen, sondern auch sehr viele Forschungs- und Entwicklungskosten (FuE-Kosten), die bei einer totalen Abschaffung jeglichen Patentschutzes sehr stark minimiert und in manchen Bereichen sogar völlig wegfallen werden. Hinzu kommt, dass die nationale und internationale Kooperation zu einer ständigen Optimierung von Fertigungsabläufen führen wird. Denn wenn nicht mehr an fünf oder fünfzehn Stellen auf der Welt mit viel Aufwand (parallel und unter Geheimhaltung, d. h. unter völliger Abschottung gegenüber der Konkurrenz) die nächste technische Generation bestimmter Produkte oder eines bestimmten Produktionsverfahrens entwickelt wird, sondern wenn die mit dieser Produktion befassten Menschen gemeinsam – und aufbauend auf dem jeweils aktuellen technischen Stand – ihren Gehirnschmalz darauf verwenden können, wie die Sache optimiert werden kann, dann werden gewaltige Kosten eingespart. Hinzu kommt, dass das Verschiffen von Teilen um den halben Erdball im Kapitalismus nur deshalb „rentierlich" ist, weil die Transportkosten so extrem billig sind – nämlich basierend auf der Öl-Wirtschaft und ohne für die Folgeschäden des CO_2-Ausstoßes aufkommen zu müssen.

Zweitens: Der zweite Hauptfaktor der „Economies of Scale" bürgerlicher Betriebswirtschaft ist der „*Spezialisierungsvorteil*", der aber gerade aus den oben genannten Gründen wegfallen wird, denn diese Spezialisten sind weitgehend deswegen Spezialisten in der Anwendung bestimmter Fertigungsverfahren, weil sie ihre spezifischen Erfahrungen für sich behalten, nicht weil dieses Wissen nicht weitergegeben werden könnte.

Und auch die anderen Faktoren für die Kostenvorteile der allermeisten Großanlagen sprechen eher gegen ihre Beibehaltung: Ersparnisse aus „zentralisierter Reservehaltung" usw. können nur entstehen, wenn zuvor der Transport dorthin mit der Beschleunigung des Klimawandels teuer bezahlt wird, von dem anschließenden klimaschädlichen Transport der Fertigprodukte noch ganz abgesehen.

Sicherlich wird nach der Ausschaltung des Kapitals in einer demokratisch geplanten Wirtschaft nicht alles in einer „Garagenwerkstatt" zu produzieren sein. Aber wenn nicht mehr die Verwertungsinteressen des Kapitals die Größe von Fertigungsanlagen bestimmen und wenn der Klimawandel wirklich gebremst (oder sogar gestoppt) werden soll – viel Zeit hat die Menschheit dafür nicht mehr –, dann muss die Wirtschaft weitgehend dezentralisiert werden.

Auf der anderen Seite kann es nicht im Belieben der einen oder anderen Belegschaft sein, bestimmte Produkte überhaupt oder in einer bestimmten Form weiter zu fertigen, die von der Gesamtgesellschaft *so* nicht gewünscht werden. Mit anderen Worten: Der Souverän, die Gesamtbevölkerung der jeweiligen Region bzw. auch des nationalen oder supranationalen Rahmens, muss bei grundsätzlichen Entscheidungen das letzte Wort haben.

Das betrifft natürlich nicht die Arbeitsbedingungen für jede einzelne Belegschaft. Diese muss ein Größtmaß an Selbstbestimmung haben, wohl wissend, dass alle Beschäftigten gleichzeitig auch Konsument:innen sind.

Daraus folgt, dass Kooperation sich nicht auf die lokale oder gar nur betriebliche Ebene beschränken kann. Wenn es keine Koordination, Absprache und gesamtgesellschaftliche Planung gibt, dann geht die Effektivität dramatisch zurück und es können keine Klimaschutzziele erreicht werden. Kooperation auf gesamtgesellschaftlicher Ebene ergibt sich nicht aus der Ansammlung von Genossenschaften. Wenn es also (in einer kooperativen Wirtschaft) auf das Land verteilt eine Reihe von Betrieben gibt, die das gleiche Produkt herstellen, dann sind es nicht mehr eigenständige Unternehmen, sondern mehrere Produktionsstätten eines Unternehmens, das gemäß dem gesamtgesellschaftlich ermittelten Bedarf produziert. Nur mittels eines Plans ist es möglich, Unterversorgung oder Vergeudung zu vermeiden. Nur wenn die gesamtwirtschaftlich relevanten Entscheidungen zur Produktion und Verteilung gemeinsam getroffen werden, kann die Warenproduktion überwunden werden, und nur unter dieser Voraussetzung sind Wettbewerb und Konkurrenz als leitende Prinzipien unserer Existenzweise zu überwinden.

Damit ist definiert, was als oberste Maxime für Planung und Produktion gelten muss: Dezentral so viel wie möglich, zentral so viel wie nötig. (Wie so etwas konkret ausgestaltet sein *könnte*, habe ich in *Schäfer* 2023 beschrieben.)

Und wir sollten nicht übersehen, dass eine kooperative Lebensweise mehr bewirken kann als nur eine effektivere und gerechtere Wirtschafts- und Sozialordnung. In *Der dritte Weg* schreibt Mandel:

> „Demokratische sozialistische Planung auf der Grundlage einer klar als solcher erkennbaren Selbstverwaltung bedeutet, dass die Prioritäten in der Verteilung uneingeschränkt zur Verfügung stehender ökonomischer Güter in demokratischer Weise von den Produzenten/Konsumenten/Staatsbürgern selbst getroffen werden. Dabei muss die Möglichkeit einer bewussten Wahl zwischen mehreren durchschaubaren Alternativen gewährleistet sein; diese Wahl muss auf der Basis eines in jeder Hinsicht pluralistischen Mehrparteiensystems zur Gänze öffentlich und unter Einhaltung aller demokratischen Freiheiten erfolgen. […] Der Aufbau einer klassenlosen sozialistischen Gesellschaft ist zugleich ein Prozess der Umwandlung sämtlicher Aspekte des gesellschaftlichen Lebens. Er schließt eine konstante Veränderung nicht nur der Produktionsverhältnisse, der Distributionsweise, des Arbeitsprozesses, der Formen der Leitung von Wirtschaft und Gesellschaft, der Sitten, der Gebräuche und der Denkgewohnheiten der großen Mehrheit der Bevölkerung ein, sondern auch einen grundlegenden Umbau der Städte, eine vollständige Revolution des Bildungswesens, die Wiederherstellung und den Schutz des ökologischen Gleichgewichts, technologische Neuerungen zum Erhalt der seltenen Naturvorkommen usw.“[125]

---

125 abgedruckt in *Ost-West Gegeninformationen*, 1990, S. 22

Es liegt auf der Hand, dass eine solche Gesellschaftsordnung nur mit einer drastischen Verkürzung der Arbeitszeit realisierbar ist. Die Hauptgründe für eine Verkürzung der Arbeitszeit um ca. die Hälfte liegen allerdings auf anderen Ebenen: Die Menschen müssen gesünder leben und: Sie müssen mehr Zeit haben, ihre Kreativität zu entwickeln, den Musen nachzugehen, die zwischenmenschlichen Beziehungen zu entwickeln usw.

Zum politischen System einer nicht-kapitalistischen Existenzweise

Tatsächliche Kooperation – ganz gleich in welchem Bereich und auf welcher räumlichen Ebene – ist nur mit einer voll entfalteten politischen Beteiligung aller möglich (soweit sie sich dazu in der Lage fühlen und dies wollen). Alles andere wäre ein Widerspruch in sich. Man kann sich nicht gesamtgesellschaftliche Kooperation wünschen, gleichzeitig aber kein Instrument haben (oder erlauben), mit dem sich die Menschen auf den jeweils sachlich und räumlich sie betreffenden Ebenen an der Ausarbeitung der Konzepte und der Entscheidungsfindung beteiligen könnten. Deshalb ist wirtschaftliche Kooperation ohne die Existenz von räteähnlichen oder vergleichbaren Strukturen nicht möglich, unabhängig davon, wie sich diese Körperschaften nennen. Die wirtschaftlichen Maßnahmen werden nicht mehr vom Wertgesetz diktiert, sondern richten sich nach den gesellschaftlichen Bedürfnissen, basierend auf den demokratisch getroffenen Entscheidungen der jeweils Betroffenen.

Eine rational geplante Wirtschaft (oder auch eine „bedürfnisorientierte Ökonomie") kann nicht in den Poren der alten Gesellschaft entstehen. Schon gar nicht kann sie innerhalb des Kapitalismus ökonomische Dominanz entwickeln. Konkurrenzwirtschaft (also kapitalistische Anarchie) und geplante Ökonomie schließen sich aufgrund des Systemcharakters gegenseitig aus. Vorformen des künftigen gesellschaftlichen Produktionsverhältnisses kann es – von Nischenproduktionen abgesehen – im Kapitalismus strukturell nicht geben, und auch die politischen Strukturen können nur *ansatzweise* auf Formen des künftigen Zusammenlebens bzw. künftiger gemeinsamer Verwaltung der Gesellschaft verweisen.

Eine gesellschaftliche Produktion unter Arbeiterselbstverwaltung ist auf Dauer nur vorstellbar, wenn es eine radikale Umwälzung der Besitzverhältnisse auf gesellschaftlicher Ebene gegeben hat, sodass ein gesamtgesellschaftlicher Plan erstellt werden kann. Nur dieser kann dem Kapitalismus überlegen sein. Zur Vorbereitung wird es allerdings nicht unerheblich sein, wie weit es der antikapitalistischen Bewegung gelingt, im Alltagsbewusstsein der Menschen „politische Hegemonie" (Antonio Gramsci) zu erobern.

Für die Durchsetzung einer kooperativen Existenzweise (oder eines *buen vivir* im vollen Sinne des Begriffs) ist die Enteignung des Kapitals zwar unerlässlich, aber nicht hinreichend. Zur Bestimmung eines zukunftsfähigen Gesellschaftsprojekts gehört die Klärung, wie das Gemeinschaftsleben und wie Entscheidungen auf kommunaler oder gesamtgesellschaftlicher Ebene getroffen werden.

Die konkrete Ausgestaltung einer von unten nach oben aufgebauten demokratischen Ordnung muss nicht von vornherein detailliert feststehen. Aber ein paar Prinzipien sollten klar sein:

- Es darf keine abgehobene Körperschaft geben, die – vergleichbar einem bürgerlichen Parlament – nur alle paar Jahre zu wählen ist und in welcher die Mitglieder nur gegenüber „ihrem Gewissen" verantwortlich sind. Soweit es überhaupt Delegierte (Vertreter:innen) geben wird, müssen sie jederzeit abwählbar sein.
- Ein besonderer Verwaltungsapparat mit politischen Kompetenzen, wie es ihn im bürgerlichen Staat gibt, muss grundsätzlich ausgeschlossen sein. Überhaupt muss der Staat als gesonderte – von der Bevölkerung abgehobene Machtinstanz – absterben. Die Übernahme von Verwaltungsaufgaben sollte weitestgehend rotieren.
- Die Justiz muss vollkommen unabhängig von aktuellen politischen Entscheidungen oder Stimmungswechseln sein und muss auf einer geschriebenen Verfassung und klaren gesetzlichen Regeln basieren.
- Die Verteilung der Entscheidungskompetenzen sollte möglichst von zwei Prinzipien geleitet sein. *Erstens:* So viel wie möglich sollten alle Betroffenen direkt am Entscheidungsprozess beteiligt sein (in Vollversammlungen oder auch per schriftlicher bzw. digitaler Abstimmung). *Zweitens*: Ein Maximum an Entscheidungskompetenz sollte auf der kommunalen Ebene liegen.

Eine solche Funktionsweise (also die Realisierung eines Maximums an demokratisch legitimierter Kompetenz) fällt nicht vom Himmel. Sie wird in der heute bestehenden Gesellschaftsordnung im Rahmen gesellschaftlicher Kämpfe im Keim entstehen müssen, sonst ist eine Realisierung auf breiterer Basis illusorisch. Die Entwicklung umfänglicher Partizipation entsteht am wirkungsvollsten in einer längeren Streiktradition. Darauf aufbauend können sich Organe der Arbeiterkontrolle oder auch Räte entwickeln. Ernest Mandel schreibt dazu:

> „Wenn man die Entwicklung eines lokalen Generalstreiks beobachtet; wenn sich dann demokratisch gewählte Streikkomitees nicht nur in einer Fabrik, sondern in allen Fabriken der Stadt (vielmehr noch in der Region, im Land) bilden, die von Vollversammlungen der Streikenden gewählt werden; wenn diese Komitees sich zusammenschließen, sich zentralisieren und ein Organ schaffen, welches regelmäßig seine Delegierten zusammenruft, dann entstehen *territoriale Arbeiterräte,* Basiszellen des zukünftigen Arbeiterstaates. Der erste ‚Sowjet' in Petrograd war nichts anderes als das: ein Rat der Delegierten der Streikkomitees der wichtigsten Fabriken der Stadt. [...] Ohne eine Reihe *bewusster* Entscheidungen kann kein Streik das Regime in Frage stellen, kann sich kein Streikkomitee in einen Sowjet [Rat] verwandeln.
>
> Der Sturz des bürgerlichen Staates erfordert somit eine bewusste und zentralisierte Aktion. Die Organisation einer sozialisierten und geplanten Wirtschaft verlangt ihrerseits bewusste, artikulierte und aufeinander abgestimmte Maßnahmen."[126]

Die Prozesse (vor und nach der Revolution) können sehr unterschiedlich sein, aber zwei Dinge können als gesichert angesehen werden.

Erstens: Räte bilden sich unter sehr verschiedenen Bedingungen, und wenn dies geschieht, dann in der Regel ohne eine Aufarbeitung geschichtlicher Erfahrungen, sondern fast immer spontan, einem urwüchsigen Trieb nach Selbstermächtigung breitester Bevölkerungsschichten folgend. Aber sie bauen auf Vorformen auf, wovon der Streik die wirkmächtigste ist.

---

126 Mandel, Ernest: *Arbeiterkontrolle, Arbeiterräte, Arbeiterselbstverwaltung. Eine Anthologie*, Frankfurt (EVA) 1971. Dieses Buch ist nicht mehr erhältlich. Die ausgezeichnete Einleitung von E. Mandel findet sich unter: https://intersoz.org/arbeiterkontrolle/, im Folgenden zitiert als *AAA*.

Zweitens: Räte erweisen sich grundsätzlich als die demokratischste Machtausübung schlechthin und sind um Welten demokratischer als jegliche Form von Machtausübung oder Verwaltung in der bürgerlichen Gesellschaftsordnung.[127]

Noch eine Klarstellung: Nicht jede Revolution muss sich mit Hilfe von Räten gegen die Bourgeoisie durchsetzen. Aber für den *Aufbau und die Festigung* einer nichtkapitalistischen Wirtschafts- und Gesellschaftsordnung wird es ohne die Einrichtung von Räten – oder räteähnlichen Strukturen – nicht möglich sein, „die ganze alte Scheiße“[128] hinter sich zu lassen und Wege für die Emanzipation der Menschen zu öffnen. Dies hat wirtschaftliche und politische Gründe.

In einer wirklichen Demokratie müssen *alle Betroffenen* auf der für sie jeweils relevanten Ebene (zu den sie betreffenden Fragen) uneingeschränkte Entscheidungsbefugnis haben. Sobald die Zahl der Betroffenen zu groß wird (eine Diskussion und Abstimmung unter Tausenden oder Zehntausenden von Menschen ist nicht umsetzbar), muss ein Delegierten-System aufgebaut werden. Entscheidend beim Rätekonzept: Diese Delegierten werden von der jeweiligen Ebene der Betroffenen gewählt und können jederzeit abgewählt (abberufen) werden.

Ein imperatives Mandat sollen diese Delegierten nicht haben, sonst bräuchte es eine Diskussion und Auseinandersetzung (mit dem Ziel der gegenseitigen Überzeugung oder des Findens neuer Lösungen) gar nicht zu geben.[129] Wenn nun der oder die Delegierte gegen den Willen der jeweils sie Entsendenden (also ihrer „Basis“) handelt (abstimmt), muss das Recht gewährleistet sein, diese Delegierten mit sofortiger Wirkung abzuberufen.

Mit der Nutzung heutiger technischer Mittel können wir die Debatten der Delegierten auf den Ebenen, auf denen wir nicht selbst anwesend sind, aber wohin wir unsre Delegierten geschickt haben, live (oder als Aufzeichnung) mitverfolgen. Es lässt sich also nachvollziehen, wie die Delegierten

---

127 Gut nachzulesen sind die mannigfaltigen geschichtlichen Erfahrungen mit Organen der Arbeiterkontrolle und Räten in zwei Standardwerken: in der o. g. von Ernest Mandel herausgegebenen Anthologie (*Ernest Mandel: AAA*) sowie in der Textsammlung von Azzellini, Dario: *„Die endlich entdeckte politische Form“, Fabrikräte und Selbstverwaltung von der Russischen Revolution bis heute*, Karlsruhe (Neuer ISP-Verlag) 2012

128 Marx/Engels in *Die deutsche Ideologie*, MEW 3: 35

129 Vgl. dazu auch Engels, Friedrich: *Die imperativen Mandate auf dem Haager Kongreß*, MEW 18: 171

sich verhalten haben, ob ihr Abstimmungsverhalten (im Lichte der Diskussion) von den Menschen zu Hause gebilligt wird oder nicht.

Und noch ein anderer großer Vorteil ergibt sich aus den Möglichkeiten moderner Informationstechnologie: Es lässt sich heute nach entsprechenden Diskussionen in der Gesamtbevölkerung viel leichter eine direkte Abstimmung durch die Gesamtheit aller Betroffenen durchführen. Das wird bestimmt nicht für jede Einzelfrage Sinn machen, aber für wichtige grundlegende Richtungsentscheidungen sehr wohl. Über welche Fragen, wie und wie oft dann von allen in Volksentscheiden befunden werden soll, genau das wird die Bevölkerung bei der Ausarbeitung der Verfassung selbst entscheiden müssen.

Ein repräsentatives System, wie wir es von Parlamenten in der bürgerlichen Gesellschaftsordnung kennen, steht dem Prinzip der maximalen Beteiligung, der Rechenschaftspflicht und der Abwählbarkeit grundsätzlich entgegen. Hinzu kommt ein weiterer, sehr gewichtiger Einwand: Parlamentsabgeordnete, die also für eine festgelegte Periode gewählt werden und nicht unmittelbar rechenschaftspflichtig sind, haben immer die Tendenz, sich von ihrer Basis abzukoppeln und gesonderte (möglicherweise von ehemaligen Kapitaleignern oder vom kapitalistischen Ausland gesponserte) Interessen zu verfolgen. Das gelingt ihnen umso leichter, je länger die Wahlperiode ist, je mehr sie gesonderte Informationen für sich behalten können, ohne direkt abberufen werden zu können usw.

Kodifiziertes Recht unabdingbar

Eine Rätedemokratie hat mitnichten zur Folge, dass die Räte immer über alles nach freiem Gusto entscheiden können, auch nicht der oberste Rätekongress auf nationaler Ebene. Ganz selbstverständlich muss es klare und verbindliche Rechtsmaßstäbe geben.

Hier ein paar Kernelemente (angeregt durch eine Resolution der IV. Internationale[130]):

Öffentliches Handeln muss auf geschriebenen Gesetzen basieren. In der Rechtsprechung darf es keine rückwirkende Straffälligkeit geben; die Anklage muss den Beweis für das Vergehen beibringen; der/die Angeklagte gilt bis zur Vorlage dieses Beweises als unschuldig.

---

130 *Dictature du prolétariat et démocratie socialiste,* https://fourth.international/fr/congres-mondiaux/537/51

Alle Menschen müssen ein uneingeschränktes Recht haben, ihre Verteidigung selbst zu bestimmen; volle und uneingeschränkte Immunität der Rechtsanwälte für jegliche Erklärung oder Verteidigungsform im Verlaufe eines Prozesses; strikte Ablehnung jeglichen Konzepts kollektiver Verantwortlichkeit von gesellschaftlichen Gruppen, Familien usw. für individuell begangene Verbrechen.

Festgelegt sein muss auch das strikte Verbot jeder Form von Folter oder der Abpressung von Geständnissen unter Zwang. Sinnvoll ist eine Ausdehnung und allgemeine Einführung von öffentlichen Prozessen vor Geschworenengerichten und die demokratische Wahl aller Richter:innen mit dem Recht auf Abberufung aller Gewählten nach Ermessen der Wähler:innen.

Es darf nicht von den finanziellen Ressourcen des/der Betroffenen abhängen, ob ihm/ihr ein Rechtsanwalt freier Wahl zur Verfügung steht, wie dies in der bürgerlichen Gesellschaftsordnung der Fall ist. Hier wie in allen anderen Bereichen muss gelten: Mit der geschriebenen Verfassung der neuen Gesellschaftsordnung (in Rojava nennt sich dies „Gesellschaftsvertrag“) müssen die Freiheitsrechte und der Schutz der Individuen (auch ihrer Privatsphäre) weit über das hinausgehen, was wir im Kapitalismus kennen.

V. Auf dem Weg zur kooperativen Lebensweise

Genossenschaften, Gewerkschaften, politische Organisationen, ...

In dem in den Abschnitten I und III Dargelegten dürften die Übel der auf Konkurrenz basierenden Lebensweise ausreichend benannt sein. Ebenfalls klar dürfte sein, dass die ökologischen Gefahren für die Menschheit in nächster Zeit noch zunehmen werden. Unter kapitalistischen Bedingungen kann der Klimawandel nicht gestoppt oder wenigstens merkbar gebremst werden. Neben vielen anderen Autor:innen hat dies etwa Daniel Tanuro in Büchern und vielen Artikeln herausgearbeitet[131] und er kommt zu der Schlussfolgerung: Ohne ökosozialistischen Rückbau sind alle Anpassungsmaßnahmen zum Scheitern verurteilt, aber genau dazu ist der Kapitalismus aus systemischen Gründen nicht in der Lage (siehe Abschnitt I).

Die seit Jahren anhaltende Systemkrise führt allerdings nicht etwa zu einer verstärkten Suche nach einer Alternative, sondern zu einer Ausbreitung autoritärer Regime (Russland, China, Ungarn Argentinien, ...). All dies macht die Stärkung der Gegenbewegung von unten umso dringlicher. Für den Aufbau einer fortschrittlichen gesellschaftlichen Kraft – man könnte auch sagen: für die Schaffung einer breiten Front – gibt es kein Patentrezept. Im Folgenden sollen ein paar Anhaltspunkte für den Kampf um eine andere Existenzweise skizziert werden.

Bürgerinitiativen

Bürgerinitiativen (BI) können eine bedeutsame Rolle bei der Bewusstseinsbildung spielen, aber nur dann, wenn sie sich nicht als Wasserträger einer der etablierten Partei betätigen (bzw. dafür missbrauchen lassen). Auch hier gilt, dass es kein Regelwerk gibt, welches die bestmögliche Organisationsform und politische Unabhängigkeit gewährleistet. Dafür sind die Bedingungen, das Thema und der Anlass von Ort zu Ort zu verschieden. Außerdem unterliegen Bürgerinitiativen (wenn sie nicht gerade die Vorfeldgruppe einer politischen Organisation sind) einer gewissen Er-

---

131 Hervorzuheben etwa das Buch: Tanuro, Daniel: *Klimakrise und Kapitalismus*, Karlsruhe (neuer isp Verlag) 2022²; eine Auswahl an Links zu seinen Artikeln findet sich in der Bibliographie am Ende dieses Buchs.

folgsabhängigkeit. Eine BI kann nur in Ausnahmefällen über viele Jahre einen so hohen Aktivitätsgrad aufrechterhalten, dass sich eine Gemeinschaft entwickelt, die (aufbauend auf gemeinsamen Erfahrungen) auch in anderen gesellschaftlichen Bereichen gemeinsam agiert (und sich gegenseitig stützt und zusammenhält). In den 1980er Jahren konnte man dies ansatzweise bei einigen der vielen Bürgerinitiativen beobachten, die sich im Kampf gegen die Erweiterung des Frankfurter Flughafens (Startbahn West) engagierten. (Mit der Ermordung von zwei Polizisten durch einen politisch isolierten Einzeltäter war dies allerdings quasi von einem auf den anderen Tag wie weggeblasen.)

Neben der eisernen Verteidigung der kapitalistischen Leitvorstellung des „Immer weiter, immer höher" ist die gemeinschaftsfördernde Wirkung einer BI einer der Gründe, weshalb der staatliche Repressionsapparat bei diversen Anlässen mit teils rabiaten Methoden zugange ist. So wurde wiederholt die Polizei beauftragt, mit brutaler Gewalt Demos gegen die BI *Stuttgart 21* zu unterdrücken (ein Mann verlor im September 2010 bei einem Wasserwerfereinsatz sein Augenlicht).

Auch auf der verwaltungsrechtlichen und juristischen Ebene schrecken die Herrschenden vor keinem Bruch mit ihrer eigenen Legalität zurück. So etwa, als man mit einer fadenscheinigen Argumentation die Vorlage für ein Volksbegehren zur Startbahn West des Frankfurter Flughafens abschmetterte. Nicht anders erging es der Wiesbadener BI gegen die Privatisierung des städtischen Krankenhauses usw. usf.

Die Bürgerinitiativen erleben hier und da Erfolge, aber auch Misserfolge und Frust. Dennoch: So begrenzt das politische Anliegen der einen oder anderen BI sein mag, in vielen Fällen leisten sie mit ihrer Widerständigkeit gegen die Umsetzung neoliberaler Politik einen wichtigen Beitrag zur Verteidigung des gesellschaftlichen Kräfteverhältnisses und helfen im Kampf für eine andere Art des Zusammenlebens.

Kooperation und Selbsthilfe

Im Kampf um eine andere Wirtschafts- und Gesellschaftsordnung – ohne die eine andere Existenzweise keine Chance hat – müssen wir grundsätzlich zwei Achsen verfolgen:

Erstens: Das Eintreten für Kooperation muss im Hier und Heute beginnen und an den vorhandenen Bedingungen anknüpfen. Das Kollegiale, das Kooperative, das Gemeinsame und die Förderung von menschenfreundlichem (und nach Möglichkeit auch altruistischem) Verhalten kann nicht auf eine ferne Zukunft, auf die Zeit nach dem „Systemwechsel" aufgeschoben werden (zumal der Systemwechsel nicht vom Himmel fällt). Im Alltagsleben ist das nicht gerade leicht (vor allem am Arbeitsplatz, siehe dazu die Ausführungen in Abschnitt I). Schließlich steht dem die gesamte Gesellschaftsordnung und die Vielzahl der davon geprägten Defektoren im Weg.

Zweitens: Während man auf Kollegialität hinarbeitet, darf man nicht die Systemfrage aus dem Auge verlieren. Diese beiden Ebenen miteinander zu verbinden, ist die große Herausforderung, was wir an einem Beispiel erläutern wollen:

Wer sich strategisch für gemeinsames Arbeiten und Selbsthilfe starkmacht, sollte Kooperativen und Genossenschaften unterstützen, nach Möglichkeit nicht nur in der politischen Argumentation, sondern auch praktisch. Die praktischen Erfahrungen, die man sammeln kann, sind nicht zu unterschätzen. Vor allem aber: Über diese Schiene können sich Gemeinschaften herausbilden, die anhand eigener Erfahrungen die Vorteile der Kooperation schätzen lernen und deshalb möglicherweise motiviert werden, diese Art des Wirtschaftens zu verbreiten, um die Wirkungen der Konkurrenzgesellschaft wenigstens ein wenig zu minimieren. Denn für den Aufbau einer breiten antikapitalistischen Front wird politische Aufklärung und werden auch gewerkschaftliche oder politische Kämpfe nicht reichen.

Mit der Unterstützung von Kooperativen (Genossenschaften) kann man aber auch schnell in eine Falle tappen. Die Organisierung der Selbsthilfe darf nicht dazu führen, systematisch staatliche Aufgaben zu übernehmen und der neoliberalen Ideologie der Förderung von Subsidiarität aufzusitzen. Gewiss ist dies im Einzelfall oft ein Balanceakt. Dieser Konflikt kann nur dann positiv gelöst werden, wenn die Selbsthilfe in einen politischen Kampf zur Verteidigung und zum Ausbau der sozialen Sicherungssysteme und einer lebenswerten Umwelt eingebunden ist.

Commons

Für den Kampf gegen das Profitsystem gibt es einen Bereich, der sowohl für die abhängig Beschäftigten wie für alle anderen (außer den Kapitaleignern und sonstigen Reichen) von großer Bedeutung ist und für den sich alle einsetzen können. Es ist die Verteidigung und der Ausbau der Commons. Was ist damit gemeint?

Kooperation im Kleinen reicht von der Nachbarschaftshilfe bis zum Wanderverein. Ein komplexeres und zumeist direkt oder indirekt wirtschaftlich funktionierendes Gebilde stellen die Commons dar. In den letzten Jahrzehnten hat sich – nicht zuletzt als Reaktion auf die zerstörerischen Wirkungen des Neoliberalismus – die Zahl der Commons in Deutschland vergrößert. Gab es um die Jahrtausendwende nur einen Betrieb „Solidarische Landwirtschaft“, so waren es Ende 2018 etwa 200.[132] „Bei Solidarischer Landwirtschaft werden die Lebensmittel nicht mehr über den Markt vertrieben, sondern fließen in einen eigenen durchschaubaren Wirtschaftskreislauf, der von den Verbraucher:innen mit organisiert und finanziert wird.“[133] Gerade bei der Landwirtschaft lässt sich der Unterschied zwischen einer landwirtschaftlichen Genossenschaft aus dem späten 19. oder dem frühen 20. Jahrhundert und einem Commons heutiger Zeit gut erkennen. Bei Ersteren beschränkte man sich häufig auf die gemeinsame Nutzung bestimmter Güter (etwa einer Kelterei, später auch der Erntemaschinen), aber dann hört oft auch schon das gemeinsame Wirtschaften auf. Vor allem aber: Es gibt bei derlei Projekten kein Bemühen, die Produkte dem Marktgeschehen zu entziehen. So bilden diese Arten von Genossenschaften häufig nichts anderes als einen lokalen Trust und sind nur eine Zweckgemeinschaft innerhalb der Marktwirtschaft. Sie sind somit kein Schritt in Richtung Überwindung des Marktgeschehens.

Ein Commons gründet sich auf eine umfassende Kooperation und ist – zumindest für das gemeinsame Anliegen – eine soziale Struktur, in der „Menschen ihre gemeinsamen Probleme in selbstorganisierter Art und Weise angehen.“[134]. Es ist eine bewusste Selbstorganisation durch Gleichrangige (was in der Fachliteratur als „peer governing“ bezeichnet wird). Die Triade der Commons besteht in einem alltäglichen Miteinander, in der bewussten Selbstorganisation der Gliederungen und in der ge-

---

132 Mehr Details dazu unter: https://www.solidarische-landwirtschaft.org/solawis-finden/karte#/

133 https://www.solidarische-landwirtschaft.org/das-konzept/was-ist-solawi

134 Helfrich, Silke/Bollier, David: *Frei, Fair und Lebendig. Die Macht der Commons*, Bielefeld (transkript Verlag) 2020, S. 20

meinsamen Befriedigung der (wirtschaftlichen) Bedürfnisse.[135] Dennoch handelt es sich hier nicht um eine Commune oder wie immer sich eine kommunistische Gemeinschaft nennen würde.

„Jedes Commons beruht auf natürlichen Ressourcen. Jedes Commons ist ein Wissens-Commons. Jedes Commons ist ein sozialer Prozess. Ganz gleich, ob sie es wollen oder darauf angewiesen sind: Wenn Menschen sich zusammentun, um ein Stück Natur oder einen Raum zu nutzen beziehungsweise ein Problem zu lösen, das sie gemeinsam betrifft, wenn sie an einem Strang ziehen, ihr diesbezügliches Wissen teilen und die auftretenden Konflikte miteinander lösen, dann handeln sie als Commoner, schaffen Commons." (*Helfrich/Bollier*: 29).

Commons sind also keine Lebensgemeinschaften, in denen die Güter geteilt werden. Man verständigt sich vielmehr darauf, bestimmte Ressourcen nicht nur gemeinsam zu nutzen, sondern sie auch (wie dies die *Solidarische Landwirtschaft*, SoLaWI, macht) möglichst dem Markt zu entziehen. Hier können Erfolge erzielt werden, die nicht zu verachten sind. So wird z. B. auch „Eigentum gehackt" und zu einem Commons gemacht. Ein Beispiel ist die von Stallman angestoßene *General Public License* (GPL) für Software. Eine freie Software-Lizenz ist eine *allgemeine Veröffentlichungserlaubnis* oder *-genehmigung*, die dem Nutzer gewährt, die Software auszuführen, zu studieren, zu ändern und zu verbreiten (kopieren).[136] Vergleichbares gelang mit der Schaffung von *Open Source*-Saatgut, das es den Nutzern ermöglicht, mit dem Saatgut eigenständig zu wirtschaften, ohne es aber verkaufen zu dürfen.

Es stellt sich die Frage: Lässt sich dieser Prozess so ausdehnen, dass damit die Profit- und Konkurrenzwirtschaft überwunden werden kann? In der inzwischen recht umfangreichen Literatur zu Commons wird das mit dem Konzept des Commonsversums beantwortet. Helfrich/Bollier (m. E. die umfangreichste Übersicht über das Gesamtthema der Commons[137]) stellen die Frage folgendermaßen: „Wie kann das Commonsversum größer werden? Kann es unsere Art zu wirtschaften verändern und unsere Kultur transformieren? Ist es möglich, staatliches Handeln und Recht aus der hier

---

135 Mehr dazu in Helfrich/Bollier: 89 - 95

136 Zu Stallmans Bemühungen zur Schaffung einer GPL siehe Helfrich/Bollier: 240 – 245

137 In gewissem Sinne ein Vorläufer dieses Buches war: Helfrich, Silke und Heinrich-Böll-Stiftung (Hg.), *Commons. Für eine neue Politik jenseits von Markt und Staat.* https://www.boell.de/sites/default/files/2012-04-buch-2012-04-buch-commons.pdf

skizzierten Perspektive zu denken? Können wir die Politik auf einen Commons-Ansatz gründen, der weit darüber hinausgeht, die ein oder andere Reform *für* Commons vorzunehmen?" (Helfrich/Bollier: 191). Helfrich und Bollier entwickeln die Idee einer sich immer weiter ausdehnenden Sammlung (und Vernetzung) von Commons. In gewissem Sinne geben die Autor:innen aber an anderer Stelle schon einen kleinen Hinweis, wie beschränkt die Möglichkeiten sind. Zur Wirkungsreichweite des Commons Gufi.net, das ein unabhängige WLAN-Netz aufbaut, schreiben sie: „Das ist gerade für strukturschwache Regionen wichtig, die mangels Dichte – und damit Marktwert – uninteressant für kommerzielle Anbieter sind." (*Helfrich/Bollier*: 27).

Die Beschränktheit der Sicht, die Helfrich und Bollier an den Tag legen, liegt auf zwei Ebenen: Erstens verdrängen sie den strukturellen Charakter der kapitalistischen Produktionsverhältnisse und der weitreichenden Auswirkungen dieser spezifischen Produktionsweise (oder sie haben ihn nicht verstanden; in Abschnitt I haben wir den Mechanismus der kapitalistischen Produktionsweise umrissen). Zweitens ignorieren sie das Klasseninteresse der Kapitaleigner, die nicht einfach tatenlos zusehen werden, dass man ihnen eine Profitmöglichkeit nach der anderen zu entreißen droht. So lange es sich um Nischen der kapitalistischen Wirtschaft handelt, werden die Konzerne die Füße stillhalten. Doch wenn es an ihre Klasseninteressen geht, werden sie notfalls mit rabiaten Mitteln gemäß den wirtschaftlichen Konzepten und politischen Methoden der Chicago-Boys eingreifen. Wenn wir also wirklich an einer sharing economy, einer Überwindung der Konkurrenz- und Profitwirtschaft, interessiert sind, werden wir (genauer: werden die Menschen) an einer Enteignung der besitzenden Klasse und einer Überwindung der Marktwirtschaft nicht vorbeikommen.

Erfahrungen, die mit Kooperation in der heutigen Wirtschafts- und Gesellschaftsordnung gesammelt werden, gibt es zuhauf. Nach Auswertung ihrer Metaanalyse entsprechender Forschungsergebnisse schreibt Elinor Ostrom, dass

> „die folgenden Eigenschaften den Grad der Kooperation beeinflussen, den die Beteiligten in sozialen Dilemma-Situationen[138] erreichen (so-

138 Mit der Dilemma-Situation ist Folgendes gemeint: Die Betroffenen wissen, dass unkooperatives Verhalten auf Dauer allen schadet, aber keiner will der Dumme sein, der selber Maß hält, um dann hilflos zu erleben, wie die anderen davon profitieren, indem sie die Ressourcen eigennützig weiter ausbeuten.

wohl im Umgang mit öffentlichen Gütern als auch mit Gemeinressourcen).

1. Kommunikation ist mit allen Beteiligten möglich: Wenn Kommunikation von Angesicht zu Angesicht möglich ist, nutzen die Beteiligten Mimik, Gestik sowie die Art zu sprechen, um die Vertrauenswürdigkeit der anderen Beteiligten zu beurteilen.
2. Die Reputation der Beteiligten ist bekannt: Das Wissen um die Vorgeschichte von Menschen, die vor der Interaktion möglicherweise nicht persönlich bekannt sind, erhöht die Wahrscheinlichkeit der Zusammenarbeit.
3. Hoher Grenzertrag pro Kopf (*high marginal per capita return*, MPCR): Wenn der MPCR hoch ist, können alle Beteiligten wissen, dass der je eigene Beitrag einen größeren Unterschied macht, als wenn der MPCR niedrig ist, und dass die anderen Beteiligten diese Relation mit höherer Wahrscheinlichkeit erkennen.
4. Eintritts- und Ausstiegsmöglichkeiten: Wenn der Ausstieg aus einer Situation für die Beteiligten zu geringen Kosten möglich ist, müssen die Kooperierenden nicht als die Dummen dastehen, und andere können erkennen, dass Kooperierende eine Situation verlassen (und in andere Situationen eintreten) können, sofern ihre Kooperation nicht erwidert wird.
5. Längerer Zeithorizont: Die Beteiligten können antizipieren, dass durch langfristige Kooperation mehr verdient werden kann als in einem kurzen Zeitraum.
6. Vereinbarte Sanktionsmöglichkeiten: Während externe Sanktionen oder verordnete Sanktionssystem die Zusammenarbeit schmälern können, kommen Sanktionssysteme, auf die sich die Beteiligten selbst geeinigt haben, oft gar nicht in großem Umfang zur Anwendung, was den Nettonutzen erheblich verbessern kann.

Andere Variablen von Mikrosystemen werden auf der ganzen Welt experimentell getestet. Kern der Ergebnisse ist, dass Menschen in einem sozialen Dilemma eher zur Kooperation bereit sind, wenn die Kontextvariablen die Wahrscheinlichkeit erhöhen, dass sie Vertrauen gewinnen, dass andere Teilnehmende Kooperation erwidern.“ (*Ostrom*: 52 – 54)

Besonders aufschlussreich ist eine Erkenntnis, die sich aus diesen Studien ergibt: Selbst innerhalb einer auf Konkurrenz ausgerichteten gesellschaftlichen Umgebung können Genossenschaften die Vorteile der Kooperation erleben. Um wieviel mehr muss dies dann in einem anderen gesellschaftlichen Kontext möglich sein? Mit den Ergebnissen dieser wissenschaftlichen Studien sehen wir (im Abschnitt III hatten wir bereits auf die Grenzen der Spieltheorie hingewiesen), dass ein „Gefangenendilemma" nur sehr begrenzt die gesellschaftliche Realität abbildet. Kooperatives Verhalten entwickelt sich mit Menschen, die einem bekannt sind, mit denen man sich abstimmen kann und mit denen man einen Plan entwickeln kann.

Gewerkschaften und politische Organisationen

Weniger in direkter Weise vom Auf und Ab der politischen Konjunktur abhängig sind die Gewerkschaften, aber auch sie unterliegen den starken ideologischen Drücken aus der Gesamtgesellschaft. Hinzu kommt, dass die Gewerkschaften in Deutschland (mehr noch als in vielen anderen Ländern) sehr stark verbürokratisiert sind (wofür die materiell privilegierte Stellung der oberen Ränge des jeweiligen Apparats eine erhebliche Rolle spielt). Von wenigen individuellen Ausnahmen abgesehen sind die Vorstandsmitglieder der großen Gewerkschaften politisch-ideologisch so stark in das bestehende System integriert, dass man sie nicht mehr als eine gegen die Konkurrenzorientierung gerichtete Kraft ansehen kann. Sie sehen sich als Sachwalter der Sozialpartnerschaft, die schließlich faktisch nur darauf hinausläuft, die bestehenden Verhältnisse im Interesse der Wettbewerbsfähigkeit der deutschen Wirtschaft – und des Wettbewerbsstaats Deutschland – zu verwalten. Diese Standortpolitik hat nicht das gemeinsame Interesse der Lohnabhängigen im Blick, sondern übt lediglich exklusive Solidarität, also nur innerhalb der jeweiligen Stammbelegschaft. Beim Personalabbau engagiert man sich bestenfalls für einen Sozialtarifvertrag (oft sogar nur für einen Sozialplan nach § 112 Betriebsverfassungsgesetz). Eine gemeinsame Abwehrfront aller Beschäftigten eines Konzerns aufzubauen, gelingt den Industriegewerkschaften extrem selten (bzw. wird auch nur selten überhaupt angestrebt) und das nur für kurze Zeit und für bescheidene Ziele und ohne etwa die Leihkräfte einzubeziehen.

Ein branchenweiter Kampf – etwa für die Konversion der Autoindustrie oder der Rüstungsindustrie – wird nicht angestrebt. Kein Wunder, ist doch die Konversion (etwa die Umstellung auf die Produktion von Bussen und Bahnen) nur gegen den Willen der Konzerne umzusetzen und müsste mit einer breiten gesellschaftlichen Kampagne für eine Vergesellschaftung dieser Unternehmen verbunden werden. Nichts fürchtet die Bürokratie allerdings mehr als einen engagierten und harten Kampf, dessen Ausgang nicht von vornherein feststeht. (Zur Klarstellung: Nicht jede und jeder hauptamtliche Funktionär/Funktionärin der Gewerkschaft ist ein Bürokrat oder eine Bürokratin; dies ist eine politische Frage und nicht eine der Zugehörigkeit zum hauptamtlichen Apparat; auch ehrenamtliche Funktionär:innen können sehr wohl Bürokrat:innen sein.)

Wir sollten aber nicht übersehen: Gewerkschaftliche Mobilisierungen in den Betrieben – vor allem bei den Tarifrunden – belegen immer noch, dass die Gewerkschaften als Gesamtgebilde ihren Doppelcharakter bewahrt haben: Sie sind auf der einen Seite ein kanalisierender Faktor, der die spontane Gegenwehr eher behindert und die Forderungen immer wieder auf staatsverträgliche und sozialpartnerschaftliche Ziele lenkt. Auf der anderen Seite sind sie aber noch Gegenmacht. Gäbe es die Gewerkschaften nicht, dann wäre diese Elementarform einer Einheitsfront der Betroffenen ausgeschaltet und es bliebe nur noch das Betteln um höhere Löhne. Gewerkschaftliche Mobilisierungen sind immer noch ein wesentliches Element bei der Verteidigung gesellschaftlicher Kräfteverhältnisse.

Ansatzweise haben die deutschen Gewerkschaften in den 1970er und 1980er Jahren in vielen Wochenseminaren betrieblich Aktiven eine gewisse Grundschulung vermittelt, was für so manche Betriebsräte und Vertrauensleute eine wichtige Orientierungshilfe ergab. Doch in den letzten Jahrzehnten ging diese Bildungsarbeit stark zurück, zum einen wegen der sinkenden Bereitschaft von Kolleg:innen, sich auf ein Wochenseminar zu begeben, zum anderen aber auch weil der jeweilige Gewerkschaftsapparat nicht ausreichend gegen diesen Trend steuerte. Seit den 2010er Jahren ist ein Rückgang des allgemeinen politischen Engagements der Gewerkschaftssekretäre zu beobachten. Der Schwung, der sich u. a. aus der 68er Bewegung ergeben hatte, ist offensichtlich verebbt, die neoliberale ideologische Dampfwalze hat auch hier das Rollback weit vorangetrieben.

Dies heißt aber nicht, dass sich nicht von den Belegschaften aus eine neue Generation von Aktiven herausbildet. In den letzten Jahren (vor allem nach der Pandemie) haben sich nicht wenige Belegschaften, vor allem im Öffentlichen Dienst, mobilisiert und vor dem Hintergrund einer geänderten Arbeitsmarktlage auch ein wenig Selbstvertrauen getankt. Die Aktivitäten laufen zwar noch weitgehend in den eingefahrenen gewerkschaftlichen Bahnen, aber die eigene Aktivität ist der Grundstein für das Stärken kollektiver Macht und die Herausbildung von Klassenbewusstsein. Nur auf diesem Weg entwickelt sich eine kritische Distanz zur Ideologie der Herrschenden, einer Ideologie, die uns ein verfälschtes und interessengeleitetes Bild der menschlichen Natur vermittelt. Die Aufrechterhaltung der sozialen Ungleichheit – die Wahrung der Privilegien der Reichen – lässt sich dann am besten rechtfertigen, wenn die Warenwirtschaft und das Konkurrenzdenken von dem überwältigenden Teil der Bevölkerung ohne Abstriche verinnerlicht sind und nicht infrage gestellt werden.

Politische Organisationen entfalten gesellschaftliches Gewicht nur dann, wenn sie wenigstens in Teilen der arbeitenden Bevölkerung verankert sind. Davon sind die meisten der vielen linken Gruppen sehr weit entfernt. Aber warum arbeiten sie dennoch weiter, obwohl sie jahrelang keine nennenswerten Fortschritte erzielen? Bei der radikalen Linken ist es zweifellos die Überzeugung, dass gefestigte revolutionäre Kerne in einer geänderten politischen Konjunktur eine wichtige Rolle spielen können. Hinzu kommt: Im Unterschied zu Bürgerinitiativen haben linke Organisationen eine größere Widerstandsfähigkeit (eine höhere politische Resilienz) gegenüber den ideologischen Drücken und den Änderungen der politischen Konjunktur. Die intensiven Debatten, die politische Bildung (ganz gleich, ob sie sich als Ergebnis förmlicher Schulung oder aus kontinuierlichen Diskussionsprozessen ergibt) ermöglichen eine umfassendere Analyse der Wirklichkeit, als dies bei einer BI möglich ist.

Die politischen Organisationen sind seit eh und je sehr divers. Allerdings sind viele Spaltungen (bzw. die getrennte Existenz so mancher Organisation) von der Sache her kaum zu rechtfertigen. Häufig liegt der Grund in Eitelkeiten sowie in der Überbetonung der Bedeutung des eigenen „Apparats“. Die Führungsrolle aufzugeben, wenn man sich zusammenschließt, fällt offenbar so manchen Funktionär:innen (bisweilen sind sie auch Hauptamtliche) anscheinend sehr schwer.

Das Ringen um die Köpfe

Die Verdinglichung der menschlichen Beziehungen ist noch nicht am Ende ihrer Entwicklung angelangt. Mit den neuen Medien gewinnen Selbstvermarktungsstrategien eine neue Qualität. Das Ringen um die

Köpfe ist heute komplexer als noch vor wenigen Jahrzehnten, aber wesentliche Erkenntnisse aus der Geschichte der Arbeiterbewegung bleiben gültig:

- Breite Massen ändern nur im Zusammenhang mit Aktionen und eigenen Erfahrungen ihr Bewusstsein.
- Klassenpolitisch bedeutsame Bewegungen entstehen aus der Tiefe der Klasse und können nicht „von außen" hervorgerufen werden. Ideologisches Rollback wirkt zwar als Bremse, aber wenn die Wut groß genug ist, spielen politisch-ideologische Vorbehalte gegenüber dem eigenen Aktivwerden eine schwindende Rolle.
- Die Anlässe für eine Gegenwehr oder gar eine Offensive der Lohnabhängigen können sehr unterschiedlich sein. So wichtig der Konsumtionsbereich ist: Aktionen und Forderungen gehen erst dann an die Systemfrage, wenn sie die Verfügungsgewalt der herrschenden Klasse über die Produktionsmittel infrage stellen.
- Sich auf politische Eruptionen vorzubereiten, gelingt dann am besten, wenn die systemoppositionellen Kräfte und Strömungen sich organisieren und nach Möglichkeit zusammenschießen. Selbstverständlich ist es nicht hilfreich, grundlegende Differenzen zu ignorieren. Dennoch: Die Ähnlichkeit vieler linker Programme legt die Annahme nahe, dass es möglich sein muss, sich in größeren Organisationen/Verbänden zusammenzuschließen, ohne gleichzeitig das Recht der Strömungen zu beschneiden, ihre spezifischen Ansichten zum Ausdruck zu bringen.
- In diesem Zusammenhang ist die Mitwirkung des politischen Zweigs des „General Intellect" (*Marx*, Grundrisse, a. a. O., S. 594) von Bedeutung.[139] Aber diese Mitwirkung muss eingebunden sein in ein Gesamtprojekt gesellschaftlicher Veränderung. Der Beitrag des politikorientierten Zweigs des General Intellect hat keine Existenzberechtigung außerhalb einer umfassend angelegten Theorie, die auf eine Praxis der gesellschaftlichen Umwälzung (also einer Wandlung der Existenzweise) abzielt.
- Eine solche Praxis kann nur wirken, wenn sie kollektiv und organisiert angegangen wird. Nur dann lassen sich Erfahrungen gemeinsam auswerten und Schlüsse für die bestmöglichen nächsten Schritte ziehen.

139 Unser Verständnis des General Intellect ähnelt jenem von Smith, Tony: *The ‚General Intellect' in the Grundrisse and Beyond*, https://www.academia.edu/12015401/The_General_Intellect_in_the_Grundrisse_and_Beyond

- Nur die Verbindung einer kritischen Analyse der Wirklichkeit mit den Erfahrungen der Geschichte wird die Weiterentwicklung spontaner Organisationsansätze ermöglichen.

Ein Erfolg beim Ringen um die Köpfe erweist sich in der nachweisbaren Förderung der Selbstaktivität des subjektiven Faktors, also größerer Teile der lohnabhängigen Bevölkerung für fortschrittliche Ziele. Erfolge dieser Art sind keinesfalls das Produkt des hegelschen Weltgeistes, sondern sind nur möglich als Ergebnis kollektiver Anstrengungen. Die nächste Stufe, die Bündelung von Massenaktivitäten, gelingt nur, wenn es eine Kraft gibt, die von weiten Teilen der lohnabhängigen Klasse anerkannt wird. Die strategische Ausrichtung muss die eines Übergangsprogramms sein, das von den heutigen Bedingungen ausgeht und den Weg zur Überwindung von Konkurrenz, Ausbeutung und Zerstörung der Umwelt weist. Das Ziel muss sein: Überwindung der Kapitalherrschaft und des bürgerlichen Staates (als Garanten der Macht der Herrschenden) sowie Kooperation der Arbeitenden und der Gesamtbevölkerung.

Für den Kampf um eine kooperative Existenzweise gibt es auf der subjektiven Ebene zwei gravierende Hindernisse: zum einen die starke Verankerung des Wettbewerbsdenkens im Bewusstsein der großen Mehrheit der Bevölkerung und zum anderen das ungünstige politische Kräfteverhältnis, das es den Menschen unmöglich erscheinen lässt, sich gegen die Kapitaleigner (und im Besonderen gegen Konzerninteressen) durchzusetzen. In beiden Bereichen müssen also die Anstrengungen vorangetrieben werden.

Erstens: Es braucht mehr Aufklärung über die gravierenden Nachteile der Wettbewerbsorientierung. Hier stehen die antikapitalistischen Kräfte noch sehr am Anfang.

Zweitens: Um das gesellschaftliche Kräfteverhältnis positiv zu verändern, ist es dringend erforderlich, Kämpfe zusammenzuführen.

Besondere Bedeutung kommt hier der ökosozialistischen Konvergenz von Kämpfen zu. Was heißt das? Bislang laufen Kämpfe um soziale Verbesserung (bzw. die Abwehr von Verschlechterungen) vollkommen unabhängig von ökologischen Kämpfen. Es gibt keine Koordination, ja noch nicht mal das Bemühen, die jeweils anderen Akteure/Akteurinnen überhaupt zu informieren und über die eigenen Anliegen aufzuklären. Dies geht nur über bewusstes und gezieltes Aufeinander-Zugehen.

Ähnlich ist es mit dem antifaschistischen Kampf. Dieser darf sich nicht auf die Agitation gegen Rassismus und Faschismus beschränken. Er muss die gesellschaftlichen Ursachen für den Anstieg rechtsextremen Gedankenguts (und den Aufstieg der AfD) benennen. Die AfD ist in gewissem Umfang in der Lage, die offizielle Regierungspolitik in der Flüchtlingsfrage vor sich her zu treiben. Dies kann sie aber nur deswegen, weil die anderen Parteien (mit Ausnahme der LINKEN) selbst rassistische Positionen vertreten, wenn auch weniger offen. Auf diese Weise finden zunehmend rassistische und faschistische Positionen breitere Zustimmung in der Gesamtgesellschaft und sind längst in der „bürgerliche Mitte" angekommen. Immer wieder gelingt es damit den Faschisten, mit ihren völkisch-rassistischen Kampagnen die politischen Koordinaten nach rechts zu verschieben.

Der Kampf gegen die AfD kann nicht von der sozialen Frage getrennt werden. Doch viele linke Kräfte schaffen es nicht, die soziale Frage als integralen Bestandteil des antifaschistischen Kampfes zu verstehen und entsprechend zu handeln.

Wenn die Arbeiter:innenklasse bzw. -bewegung sich nicht – und zwar viel stärker als heute – für ihre eigenen ökonomischen und politischen Interessen auch gegen die Politik der bürgerlichen Parteien und des Kapitals tatsächlich in Bewegung setzt, dann wird es weder ein Zurückdrängen der AfD noch eine erfolgreiche Abwehr potentieller Machtergreifungsversuche faschistischer Massenbewegungen geben (können).

Die Trennung in zwei Interventionsfelder, hier Anti-Faschismus-/Anti-Rassismus-Bewegung, dort soziale Frage und Gewerkschaftsbewegung, ist heute stark verbreitet, aber sie ist künstlich und muss überwunden werden. Der Kampf gegen rechts ist zu verbinden mit dem Kampf gegen die verheerende und zerstörerische Logik des kapitalistischen Wirtschafts- und Herrschaftssystems, das grundlegend in Frage zu stellen ist.

Deshalb müssen die antifaschistischen Kräfte auf diejenigen zugehen, die sich bis dahin schwerpunktmäßig oder gar ausschließlich mit sozialen Fragen befasst haben (also z.B. die Gewerkschaften), und umgekehrt! Um ein Beispiel für die Konvergenz von Kämpfen zu geben: In Frankreich haben sich an verschiedenen Stellen im Land Menschen zum Kampf gegen ökologische Zerstörung durch Großprojekte vor Ort organisiert. Sie bezeichnen das entsprechende Stück Land als ZAD, zone à défendre (zu verteidigende Zone). Die Aktivist:innen nennt man *Zadistes.* In Notre-Dame-des-Landes (Westfrankreich) sollte ein Großflughafen gebaut werden. Die örtlichen Aktivist:innen wurden von der im Januar 2021 gegründeten Bewegung *soulèvement de la terre* (Aufstand der Erde) unterstützt, die sich auch andernorts gegen Großprojekte engagiert (etwa die Schnellbahntrasse Lyon-Turin). Die Aktivist:innen leisteten vor Ort eine beharrliche Überzeugungsarbeit in Verbindung mit praktischen Aktivitäten, vor allem mit der Besetzung des Geländes (Zeltdörfer etc.). So wuchs der Widerstand nicht nur in dem kleinen Dorf, sondern in der ganzen Region (vergleichbar mit Wackersdorf, Gorleben, Wyhl), sodass der Regierung mit der Zeit der politische Preis für die Fortführung oder Verschärfung der Repression einfach zu groß wurde. Das Projekt wurde abgeblasen.

Von diesem Erfolg angeregt, haben Menschen in der Nachbarschaft neuen Mut geschöpft, sich gegen die Projekte der Mégabassines zu stemmen. Das sind Wasserrückhaltebecken von der Größe mehrerer Fußballfelder, in denen Regenwasser für Trockenphasen gesammelt wird, das aber dann den Investoren der Agrarindustrie vorbehalten ist und im Ergebnis das Gesamtwasserreservoir deutlich verringert, vor allem für die Kleinbauern. (Das Wasser sickert nicht ins Grundwasser ein und verdunstet zu viel.) Über die Verteidigung des Territoriums und der eigenen Bewässerungsmöglichkeiten wurde verstärkt die Frage nach dem Gemeingut Wasser aufgeworfen. Die ausreichende Verfügbarkeit von Trinkwasser ist nicht nur eine ökologische, sondern auch eine soziale Frage.

Auch an diesen Beispielen erweist sich, dass es für den Erfolg gegen die Unterwerfung unter die Kapitalinteressen auf die Aktivierung und Mobilisierung der breiten Bevölkerung ankommt. Stellvertreterpolitik ist kontraproduktiv und kann letzten Endes politisch nur dem Gegner in die Hände spielen.

Die Aktivitäten der Zadistes sind gut vergleichbar mit dem, was die weltweite Bewegung BLOCKADIA[140] gegen Extraktivismus unternimmt. Hier kämpfen beispielsweise Menschen in Alberta (Kanada) gegen die ge-

140 The rise of blockadia as a global anti-extractivism movement https://www.tandfonline.com/doi/full/10.1080/13549839.2021.1969352 ; siehe auch https://www.resilience.org/stories/2017-11-17/this-is-blockadia/

waltige Zerstörung der Natur beim Umpflügen der Teersande für die Ölgewinnung. Ähnlich hartnäckig ist der Widerstand der Sioux zur Verteidigung ihres Landes, durch das eine große Ölpipeline geführt werden soll, die das Land zu verschmutzen droht.

Wir sehen also: Von den Aktivitäten des *buen vivir* über die Gemeinschaftsprojekte der Zapatisten oder die Sioux bis zu den Zadisten oder dem Demokratischen Konföderalismus in Rojava gibt es Widerstand gegen die kapitalistische Zurichtung der Natur. Der Kampf gegen die kapitalistische Existenzweise existiert, aber er ist noch nicht genügend vernetzt. Es ist an der Zeit, dass sich dies ändert.

Ursula K. Le Guin erinnert uns daran, dass nicht nur der Weg zu einer anderen Existenzweise voller Hindernisse ist. Schon die Bewusstwerdung der Alternativen zur bestehenden Wirtschafts- und Gesellschaftsordnung ist mit großen Hindernissen gepflastert.

„In einer Welt mit (...) vereinfachter Moral ist ein Sklave, sofern er nicht Spartakus ist, ein Niemand. Das ist erbarmungslos und unrealistisch. Die meisten versklavten, die meisten unterdrückten Menschen sind Teil einer Gesellschaftsordnung, die ihnen – gemäß den Bedingungen ihrer Unterdrückung – keine Möglichkeit gibt, sich auch nur vorzustellen, dass diese Ordnung veränderbar wäre.

Der Gebrauch der Phantasie ist gefährlich für jene, die vom gegenwärtigen Stand profitieren, denn sie kann uns erkennen lassen, dass der gegenwärtige Stand der Dinge nicht dauerhaft, nicht universell, nicht notwendig ist.“[141]

---

141 Le Guin, Ursula: *Am Anfang war der Beutel. Warum uns Fortschritts-Utopien an den Rand des Abgrunds führten und wie Denken in Rundungen die Grundlage für gutes Leben schafft*, Klein-Jasedow (Drachen), 2023³, S. 72

Bibliographie

Arz, Jürgen / Sauer, Otmar: *Zur Entwicklung der sowjetischen Übergangsgesellschaft, 1917-29*. Frankfurt/Main (Isp) 1976[3]; https://intersoz.org/wp-content/uploads/2018/01/ArzSauer_Entwicklung_Sowjetische_%C3%9Cbergangsgesellschaft.pdf

Ashworth, Tony: *Trench Warfare, 1914-1918: The Live and Let Live System*, New York (Holmes & Meier) 1980, hier zitiert nach *Robert Axelrod*

Axelrod, Robert: *Die Evolution der Kooperation*, München (Oldenbourg Verlag) 2009; die englische Ausgabe „The Evolution of Cooperation" findet sich auch im Netz: https://public.websites.umich.edu/~axe/Axelrod_Evol_of_Coop_excerpts.pdf

Azzellini, Dario: *„Die endlich entdeckte politische Form", Fabrikräte und Selbstverwaltung von der Russischen Revolution bis heute*, Karlsruhe (Neuer ISP-Verlag) 2012

Bauer, Joachim: *Prinzip Menschlichkeit. Warum wir von Natur aus kooperieren*, München (Wilhelm Heyne Verlag) 2008[5]

Bauer, Joachim: *Warum ich fühle, was du fühlst. Intuitive Kommunikation und das Geheimnis der Spiegelneurone*, Hamburg (Hoffmann und Campe Verlag) 2005

Bregman, Rutger: *Im Grunde gut. Eine neue Geschichte der Menschheit*, Hamburg (Rowohlt) 2021

Chomsky, Noam: *Cartesianische Linguistik. Ein Kapitel in der Geschichte des Rationalismus*, Tübingen (Max Niemeyer Verlag) 1971

Dahmer, Helmut: *Angst vor Entfremdung – Hass auf die Fremden*. Aus einem Vortrag von Helmut Dahmer an der Volkshochschule Darmstadt vom 30.9.1993 (Redemanuskript)

Darwin, Charles: *Die Abstammung des Menschen*, Stuttgart (Kröner) 1982

Dawkins, Richard: *Das egoistische Gen*, Reinbek bei Hamburg (Rowohlt), 1996

Engels, Friedrich: *Umrisse zu einer Kritik der Nationalökonomie*, in „Deutsch-Französische Jahrbücher" (erschienen Januar 1844), MEW 1: 499 ff.

Engels, Friedrich: *Die Lage der arbeitenden Klasse in England*, MEW 2: 225 ff.

Engels, Friedrich: *Dialektik der Natur. Notizen und Fragmente*, MEW 20

Engels, Friedrich: *Der Ursprung der Familie, des Privateigentums und des Staats*, MEW 21

Engels, Friedrich: *Die imperativen Mandate auf dem Haager Kongreß*, MEW 18: 171 - 176

Fromm, Erich: *Haben oder Sein. Die seelischen Grundlagen einer neuen Gesellschaft*, Stuttgart (DVA) 1976 (1979 DTV)

Fromm, Erich: *Humanismus als reale Utopie*, Frankfurt, Berlin, Wien (Ullstein) 2005

Fromm, Erich: *Wege aus einer kranken Gesellschaft*, Frankfurt, Berlin, Wien (Ullstein) 1980

Gabler: *Wirtschaftslexikon*, 17. Auflage, Wiesbaden (GWV Fachverlage) 2010

Helfrich, Silke / Euler, Johannes: *Die Neufassung der Commons: Commoning als gemeinwohlorientiertes Gemeinwirtschaften*. In: Zeitschrift für Gemeinwirtschaft und Gemeinwohl 44 (2021), Nr. 1 S. 39 – 56, hier zitiert nach Johannes Euler/Insa Theesfeld: *Elinor Ostrom: Ein Leben für die Wissenschaft*, in Ostrom 2022

Helfrich, Silke / Bollier, David: *Frei, Fair und Lebendig. Die Macht der Commons*, Bielefeld (transkript Verlag) 2020

Heuler, Oliver: *Staatsreligion Wettbewerb. Drei Mythen dienen als Standbeine, Trend onlinezeitung 04/2008, https://www.streifzuege.org/2008/staatsreligion-wettbewerb/*

Hill, Hans-Ulrich: *Rassismus – Argumente gegen die Sarrazin-Thesen aus naturwissenschaftlicher Sicht*, in *Spaltungslinie Rassismus*, Duisburg (RSB) 2012

Hirsch, Joachim: *Materialistische Staatstheorie. Transformationsprozesse des kapitalistischen Staatensystems*, Hamburg (VSA) 2005

Illich, Ivan: *Tools for Conviviality*, New York (Harper and Row) 1973, auf Deutsch: *Selbstbegrenzung. Eine politische Kritik der Technik*, Reinbek bei Hamburg (Rowohlt) 1975

Kohn, Alfie: *No contest. The Case Against Competition [Why we lose in our race to win]*, Boston, New York (Houghton Mifflin Company) 1986 (1992)

Kohn, Alfie: *Der Mythos des verwöhnten Kindes. Erziehungslügen unter die Lupe genommen,* Weinheim und Basel (Beltz) 2005

Kropotkin, Peter: *Gegenseitige Hilfe in der Tier- und Menschenwelt,* Berlin (Hofenberg) 2018

Le Guin, Ursula K.: *Am Anfang war der Beutel. Warum uns Fortschritts-Utopien an den Rand des Abgrunds führten und wie Denken in Rundungen die Grundlage für gutes Leben schaffen*, Klein-Jasedow (Drachen) 2023[3]

Mandel, Ernest: *Die Marxsche Theorie der ursprünglichen Akkumulation und die Industrialisierung der Dritten Welt,* in *Folgen einer Theorie. Essays über „Das Kapital" von Karl Marx,* mit Beiträgen verschiedener Autor:innen, Frankfurt (Suhrkamp) 1967

Mandel, Ernest: *Arbeiterkontrolle, Arbeiterräte, Arbeiterselbstverwaltung. Eine Anthologie*, Frankfurt (EVA) 1971

Mandel, Ernest: *Freiheit und Planung im Kapitalismus und Sozialismus*, Hg.: Revolutionäre marxistische Liga, Zürich, o. J. [ca. 1970]

Mandel, Ernest: *Der Spätkapitalismus. Versuch einer marxistischen Erklärung*", Frankfurt (Suhrkamp) 1972

Mandel, Ernest: *Zur Verteidigung der sozialistischen Planwirtschaft*, in Oktober Texte-2 (Teil der Debatte mit Alec Nove; ein Nachdruck der drei Artikel erschien im Dezember 1989 als „Oktober-Text 2".) https://inprekorr.de/200-plan.htm, und: https://inprekorr.de/209-plan-em.htm

Mandel, Ernest: *Oktober 1917. Staatsstreich oder soziale Revolution. Zur Verteidigung der Oktoberrevolution*, Köln (isp) 1992

Mandel, Ernest: *The Roots of the present crisis in the soviet economy,* in: Socialist Register 1990-1991, London (The Merlin Press) S. 194-210.

Marx, Karl: *Ökonomisch-philosophische Manuskripte*, 1844, MEW 40: 467 ff.

Marx, Karl: *Grundrisse der Kritik der politischen Ökonomie*, hier zitiert nach der Ausgabe von Berlin 1953 (Reprint der Europäischen Verlagsanstalt, Frankfurt, und des Europa Verlags, Wien; die Seitenzahlen weichen von denen der MEW 42 ab.)

Marx, Karl: *Das Kapital*, Band I und Band III, MEW 23 u. 25

Marx, Karl: *Kritik des Gothaer Programms,* MEW 19

Marx, Karl / Engels, Friedrich: *Die deutsche Ideologie*, MEW 3

MacKinnon, J.B.: *Der Tag, an dem wir aufhören zu schoppen. Wie ein Ende der Konsumkultur uns selbst und die Welt rettet*, München (Penguin) 2021

Montagu, Ashley: *Darwin, Competition and Cooperation*, 1952. Reprint Westport, Conn. (Greenwood Press) 1973, hier zitiert nach Kohn 1986

Neckel, Sighard / Wagner, Greta (Hrsg.): *Leistung und Erschöpfung. Burnout in der Wettbewerbsgesellschaft*. Berlin (Suhrkamp) 2013

Nowak, Martin A./ Highfield, Roger: *Kooperative Intelligenz. Das Erfolgsgeheimnis der Evolution*, München (Beck) 2013

Ost-West Gegeninformationen, 1990

Öcalan, Abdullah: *Demokratischer Konföderalismus*, 2012 (International Initiative Edition)

Ostrom, Elinor: *Jenseits von Markt und Staat. Über das Potential gemeinsamen Handelns*, Ditzingen (Reclam) 2022

Pausewang, Freya: *Macht mich stark für meine Zukunft! Wie Eltern und ErzieherInnen die Kinder in der frühen Kindheit stärken können,* München (oekom) 2012

Pfaff, Tino (Hrsg.): *Vergesellschaftung und die sozialökologische Frage. Wie wir unsere Gesellschaft gerechter, zukunftsfähiger und resilienter machen können*, München (Oekom) Juni 2024

Pinker, Stephen: *Der Sprachinstinkt. Wie der Geist die Sprache bildet*, Darmstadt (Wissenschaftliche Buchgesellschaft) 1996

Precht, Richard David: *Die Kunst, kein Egoist zu sein. Warum wir gerne gut sein wollen und was uns davon abhält,* München (Goldman) 2012

Ricard, Matthieu: *Allumfassende Nächstenliebe. Altruismus – die Antwort auf die Herausforderungen unserer Zeit,* Hamburg (Edition Blumenau) 2017

Schäfer, Jakob: *Spaltungslinie Rassismus – eine besondere Herausforderung in Zeiten der Krise.* in *Spaltungslinie Rassismus,* Duisburg (RSB) 2012

Schäfer, Jakob: *Die Warengesellschaft und die Herausforderung der multiplen Krise,* Wien (new academic press) 2022

Schäfer, Jakob: *Mellopolis '48. Eine Reportage. Vision einer Gesellschaftsordnung nach der Überwindung des Kapitalismus,* Wien (new academic press) 2023

Sweers, Franziska (Hrsg.): *Kooperation in der wissenschaftlichen Weiterbildung.* Springer Verlag 2022

Tanuro, Daniel: *Klimakrise und Kapitalismus,* Karlsruhe (neuer isp Verlag) 2022[2]

Thunman, Elin: *Burnout als sozialpathologisches Phänomen der Selbstverwirklichung,* in Neckel, Sighard / Wagner, Greta: *Leistung und Erschöpfung. Burnout in der Wettbewerbsgesellschaft,* Berlin (Suhrkamp), 2013

Tomasello, Michael: *Warum wir kooperieren,* Berlin (Suhrkamp) 2017[4] (2010)

Trotzki, Leo: *Verratene Revolution,* (1935/1936) wissenschaftliche Ausgabe in: Leo Trotzki: *Schriften* Band 1.2, herausgegeben von Helmut Dahmer, Rudolf Segall und Reiner Tosstorff (online ist der Text verfügbar unter https://www.marxists.org/deutsch/archiv/trotzki/1936/verrev/index.htm)

Westphalen, Andreas von: *Die Wiederentdeckung des Menschen. Warum Egoismus, Gier und Konkurrenz nicht unserer Natur entsprechen,* Frankfurt (Westend Verlag) 2019, S. 162

Zimmering, Raina: *„Von unten und von links". Die Zapatistas – Konstrukteure einer alternativen Gesellschaft?* In: Standpunkte 4/2006, herausgegeben von der Rosa-Luxemburg-Stiftung (https://rlp.rosalux.de/fileadmin/rls_uploads/pdfs/Standpunkte0604.pdf)

Internetlinks:

Abteilung für Vergleichende und Entwicklungspsychologie, Max-Planck-Institut für evolutionäre Anthropologie, Leipzig, https://www.mpg.de/4658054/Kooperation_bei_Kleinkindern

Altmann, Philipp, *Das Gute Leben als Alternative zum Wachstum? Der Fall Ecuador* S. 6 https://www.ssoar.info/ssoar/bitstream/handle/document/40644/ssoar-sub-2013-1-altmann-Das_Gute_Leben_als_Alternative.pdf?sequence=1

Axelrod, Robert / Hamilton, William D.: *The Evolution of* Cooperation, in: *Science.* Band 211, Nr. 4489, 1981, S. 1390–1396, doi:10.1126/science.7466396

Dahmer, Helmut: *Oktober 1917 – Putsch oder revolutionärer Aufbruch?* https://intersoz.org/oktober-1917-putsch-oder-revolutionaerer-aufbruch/

Gudynas, Eduardo: *BUEN VIVIR – Das gute Leben jenseits von Entwicklung und Wachstum,* https://www.rosalux.de/fileadmin/rls_uploads/pdfs/Analysen/Analyse_buenvivir.pdf

Graven, Julia: *Mitarbeiterbewertung in Deutschland "Die Schlechten ins Kröpfchen",* https://www.spiegel.de/karriere/tuecken-von-mitarbeiterbewertungen-kollege-gegen-kollegen-a-933568.html, letzter Zugriff. 14.11.2013

Helfrich, Silke und Heinrich-Böll-Stiftung (Hg.): *Commons. Für eine neue Politik jenseits von Markt und Staat,* https://www.boell.de/sites/default/files/2012-04-buch-2012-04-buch-commons.pdf

Institut „Zukunft der Arbeit" (Bonn): „Performance Appraisals and the Impact of Forced Distribution: An Experimental Investigation" (Juni 2010) https://docs.iza.org/dp5020.pdf

Johnson, David / Johnson, Roger: Effects of cooperative, competitive, and individualistic goal structures on achievement: A meta-analysis. https://www.researchgate.net/publication/229067919_Effects_of_cooperative_competitive_and_individualistic_goal_structures_on_achievement_A_meta-analysis

Kieserling André: *Die Leiden der Impressionisten: https://www.faz.net/aktuell/wissen/leben-gene/das-leben-in-der-konkurrenzgesellschaft-14094564.html*

https://www.mpg.de/4658054/Kooperation_bei_Kleinkindern zusammengefasst von den Wissenschaftlern der Abteilung für Vergleichende und Entwicklungspsychologie Michael Tomasello und Katharina Hamann.

Kooperation in der Wissenschaft: https://www.uni-saarland.de/en/einrichtung/kowa/aktivitaeten/bildung/publikationen/eigene/buecher/festschrift-kooperativ-forschen.html Oder auch: Sweers, Franziska (Hrsg.), *Kooperation in der wissenschaftlichen Weiterbildung.* Springer Verlag 2022

La Botz, Dan: „Autostreiks in den USA", in: die internationale 1/2024, https://inprekorr.de/626-auto-dlb.htm, sowie https://intersoz.org/autostreiks-in-den-usa/

Manifest der „convivialistes" (Kurzfassung): https://convivialisme.org/worldwide/de/; eine Zusammenfassung und auch kurze Bewertung findet sich hier: https://www.attac.de/blog/detailansicht/news/les-convivialistes-8211-das-konvivialistische-manifest-fuer-eine-neue-kunst-des-zusammenlebens

Oxfam: *Die fünf reichsten Männer der Welt haben ihr Vermögen seit 2020 verdoppelt, fast fünf Milliarden Menschen sind ärmer geworden,* https://www.oxfam.de/ueber-uns/publikationen/bericht-soziale-ungleichheit-2024 (letzter Zugriff 29.1.2024

Roberts, Michael: https://thenextrecession.wordpress.com/2023/07/05/from-greedflation-to-stagflation-and-then-slumpflation/

Rosa, Hartmut: Resonanz statt Entfremdung: Zehn Thesen wider die Steigerungslogik der Moderne. Tagung des SFB 580 „Gesellschaftliche Entwicklungen nach dem Systemumbruch" und des Kollegs „Postwachstumsgesellschaften" am 14./15. Juni 2012 in Jena.

Schäfer, Jakob: *Zur Konstitution des bürgerlichen Staates,* https://intersoz.org/zur-konstitution-des-buergerlichen-staates/

Smith, Tony: *The ‚General Intellect' in the Grundrisse and Beyond,* https://www.academia.edu/12015401/The_General_Intellect_in_the_Grundrisse_and_Beyond

Tanuro, Daniel: *Marx' Ökologie – ein unvollendetes Projekt*: https://intersoz.org/oekologie-und-marxistische-theorie-2/

Tanuro, Daniel: *Dürre, Hitzewelle und Revolution*: https://intersoz.org/duerre-hitzewelle-und-revolution/

Tanuro, Daniel: Bericht des Weltklimarats. Der Weg in den unvermeidbaren Abgrund? https://intersoz.org/der-weg-in-den-unvermeidbaren-abgrund/

Tanuro, Daniel: *Der Weltklimarat warnt: „Das Schlimmste kommt erst noch"* https://intersoz.org/das-schlimmste-kommt-erst-noch/

Thöne, Eva: *Lauter kleine Narzissten, auf Wettbewerb getrimmt,* Interview mit Oliver Nachtwey, https://www.spiegel.de/kultur/gesellschaft/kapitalismuskritik-was-macht-die-angst-vorm-abstieg-mit-uns-a-1106577.html

Westphalen, Andreas von: *Konkurrenz oder Kooperation? Das ist die entscheidende Frage,* https://www.telepolis.de/features/Konkurrenz-oder-Kooperation-Das-ist-die-entscheidende-Frage-4647091.html (letzter Zugriff 30.11.2023)

Viteri, Carlos: *2002: Visión indígena del desarrollo en la Amazonía,* in: *Polis, Revista de la Universidad Bolivariana.* 1 Jg., Heft 3, S. 1–6, http://redalyc.uaemex.mx/redalyc/html/305/30510310/30510310.html

Wolf, Christian: *Altruismus bei Kindern: Helfen will gelernt sein!,* https://www.rnd.de/wissen/altruismus-bei-kindern-helfen-will-gelernt-sein-6SWGR6RWTQOD4U6LAHHAF3KACA.html

[Yasuni-ITT-Initiative]: https://konzeptwerk-neue-oekonomie.org/wp-content/uploads/2022/11/DIB_Buen-Vivir_de_.pdf, letzter Zugriff 15. 3. 2024

[Zu den Folgen der Agenda-Politik] https://tacheles-sozialhilfe.de/informationen/folien-sgb-ii.html

https://www.br.de/nachrichten/deutschland-welt/un-studie-19-prozent-aller-lebensmittel-landen-im-muell,U8EaXMp

https://www.solidarische-landwirtschaft.org/solawis-finden/karte#/

https://www.solidarische-landwirtschaft.org/das-konzept/was-ist-solawi

https://www.spektrum.de/news/altruismus-fuer-anfaenger/965825

https://www.rnd.de/wissen/altruismus-bei-kindern-helfen-will-gelernt-sein-6SWGR6RWTQOD4U6LAHHAF3KACA.html

https://jacobin.com/2023/04/greedflation-inflation-price-gouging-corporate-profits-central-banks-economists

https://www.nzz.ch/feuilleton/der-erfolgsmensch-ld.742261, letzter Abruf: 20.1.2024

https://www.uniklinikum-leipzig.de/einrichtungen/kinderklinik

https://www.spektrum.de/wissen/burnout-und-was-dahintersteckt/1646926

Burn-out an "occupational phenomenon": International Classification of Diseases. In: *who.int.* The World Health Organization, 28. Mai 2019, abgerufen am 13. 5. 2023 (englisch).